语言发育迟缓的家庭治疗

Family Therapy for Delayed Language Development

主　编　吕智海　龚建华

编　者　(以姓氏笔画为序)

王金英　王雅雯　田艳萍　吕智海　孙　乔

苏润姿　李　威　李庆红　李肖平　李岳航

李雪梅　杨金狄　杨顺波　肖　蕾　吴嘉娜

邱　媛　佟诗瑶　陈婷凤　郝庆红　胡素芬

钟增泉　姜　雪　候燕红　徐浩繁　黄玉坤

龚建华　彭思丽　曾　烨　曾文霞　赖燕媚

蔡文敏　魏　晶

秘　书　李肖平

人民卫生出版社

·北　京·

图书在版编目（CIP）数据

语言发育迟缓的家庭治疗 / 吕智海，龚建华主编 .
北京 ： 人民卫生出版社，2024. 7（2025. 3 重印）.
ISBN 978-7-117-36460-7

I. G766

中国国家版本馆 CIP 数据核字第 2024LK1185 号

| 人卫智网 | www.ipmph.com | 医学教育、学术、考试、健康，购书智慧智能综合服务平台 |
| 人卫官网 | www.pmph.com | 人卫官方资讯发布平台 |

语言发育迟缓的家庭治疗
Yuyan Fayu Chihuan de Jiating Zhiliao

主　　编：吕智海　　龚建华
出版发行：人民卫生出版社（中继线 010-59780011）
地　　址：北京市朝阳区潘家园南里 19 号
邮　　编：100021
E - mail：pmph @ pmph.com
购书热线：010-59787592　　010-59787584　　010-65264830
印　　刷：北京铭成印刷有限公司
经　　销：新华书店
开　　本：889×1194　　1/32　　印张：5
字　　数：121 千字
版　　次：2024 年 7 月第 1 版
印　　次：2025 年 3 月第 2 次印刷
标准书号：ISBN 978-7-117-36460-7
定　　价：65.00 元

打击盗版举报电话：010-59787491　　E-mail：WQ @ pmph.com
质量问题联系电话：010-59787234　　E-mail：zhiliang @ pmph.com
数字融合服务电话：4001118166　　E-mail：zengzhi @ pmph.com

前　言

　　儿童是祖国的花朵,是中华民族伟大复兴的希望和未来,党和国家十分重视儿童早期发展促进、残疾儿童预防和残疾儿童救治工作。由国家卫生健康委和中国残疾人联合会组织开展的0~6岁残疾儿童筛查已经全面开展,集中全社会力量开展残疾儿童预防和残疾儿童救治工作,努力实现残疾儿童"人人享有康复服务"的目标。2021年9月8日国务院印发《中国儿童发展纲要(2021-2030年)》,纲要提出到2030年,促进儿童发展的工作机制更加完善,城乡、区域、群体之间的儿童发展差距明显缩小。

　　由于生活环境、养育环境、发展环境的变化影响,语言发育迟缓儿童呈现越来越多的态势。语言发育迟缓儿童的语言运用能力较同龄儿童有显著的差别,婴幼儿早期出现的语言发育迟缓也会显著影响认知、社交技能的发育,对学龄期儿童的学习能力、专注力等发育有一定的影响。学龄前期最主要的致残性疾病为孤独症谱系障碍、智力障碍,首次就诊的主要原因占据第一位的是语言发育迟缓,可见语言发育迟缓在残疾预防领域,在致残性疾病的早期筛查、早期识别中,有非常重要的地位和作用。

　　本书为科普读物,主要面向语言发育迟缓、全面发育迟缓、孤独症高危儿、早产儿等特殊儿童及家长阅读和使用,因此本书设计为一问一答形式,精心挑选了大家比较关心的150个问题。本书重点对国内外2017年以来发表的有关语言发育迟缓的诊疗指南、专家共识等进行解读,帮助大家了解什么是语言发育迟缓、语言发育迟缓的严重危害性、如何早期识别语言发育迟缓,以及语言发育迟缓儿童该如何进行早期干预治疗等问题。介绍了语言发育迟缓为什么要进行语言发育水平评估、发育评估等神经行为学评估,以及为什么要进行相关检查检验等大家重点关注的问题。语言发育迟缓的家庭治疗,不仅是要教家长如何照顾患儿,还重点介绍了居家父母如何进行早期家庭治疗,这些都符合儿童早期发展和儿童早期干预的最新理念,在临床实践中取得了非常突出的效果。

深圳市龙岗区妇幼保健院是深圳市东部地区最大的三级甲等妇幼保健院,康复科成立于2007年,经过近20年的建设与发展,建立了脑性瘫痪、孤独症谱系障碍、智力发育障碍等三大致残性疾病的早期诊治体系,并逐渐摸索建立起语言发育迟缓、脑瘫高危儿的早期筛查、早期治疗体系,建立了学习困难儿童和注意缺陷多动障碍儿童的综合康复治疗体系,引进多项国内领先的发育评估技术,结合妇幼保健院相关学科优势和多学科合作,目前整体技术水平在深圳市领先。开展的经颅磁刺激治疗语言发育迟缓、孤独症等技术达到国内一流水平,每年多次举办相关学习班。本书是根据家长们在就诊过程中的需求,组织了康复科有丰富临床经验的骨干师资力量编写,希望对特殊儿童家庭有一定的帮助和启发,尤其是对语言发育迟缓儿童在就诊过程中能有一定的帮助和指导。本书图文并茂,通俗易懂,并配有相关视频,扫码即可观看。

本书适合语言发育迟缓、全面发育迟缓、早产儿、脑瘫高危儿、孤独症高危儿儿童的家长阅读和使用,适合儿童保健科、新生儿科、小儿神经科、儿童康复科等相关领域同仁使用,同样也适合从事 0~6 岁残疾儿童筛查的各级医务工作者和社区工作者使用。

由于作者水平有限,难免存在错漏和不足之处,恳切希望广大读者、家长朋友们和儿童康复同行在阅读过程中不吝赐教,欢迎发送邮件至邮箱 renweifuer@pmph.com,或扫描封面二维码,关注"人卫儿科学",对我们的工作予以批评指正,以期再版修订时进一步完善,更好地为大家服务。

吕智海 龚建华
2024 年 4 月

目　录

视频目录

资源1

1. 家庭中引导孩子发音的 123

资源2

2. 如何培养孩子的等待意识

资源3

3. 教你解锁吸引孩子注意力的小方法

资源4

4. 从模仿开始增强孩子自信心

资源5

5. 游戏技巧三两个

资源6

6. 如何帮助孩子说的更好

资源7

7. 让孩子听话的
三个小技巧

资源8

8. 提高语言理解
小技巧

资源9

9. 玩出来的互动
沟通能力

资源10

10. 一个游戏帮
助孩子理解代词
转换

资源11

11. 巧借游戏让
孩子乖乖配合

资源12

12. 如何根据孩
子的能力去做
引导

1. 什么是语言发育迟缓

我们常说的孩子说话晚，就是今天要谈论的语言发育迟缓，用医学的定义解释就是指儿童在发育过程中，语言发育速度落后于同龄儿童，导致他们无法达到与其年龄相应的语言发育水平。这种情况并不包括由于听力障碍引起的语言发育迟缓。

语言发育迟缓在学龄前儿童中较为常见，在我国儿童中发病人数超过 500 万。儿童通常表现在词汇量、语法使用和/或叙事方面的能力较低，严重落后于同龄儿童。说话时平均句长较短，词汇量缺乏，叙述事情时关键成分（人物、时间、地点、事件、结局、人物的心理等）缺失。

在儿童婴幼儿发育早期，临床常用的诊断是儿童语言发育迟缓。如果学龄前儿童持续表现出语言理解和/或语言表达困难，同时不符合其他发育障碍的诊断时，则会被诊断为语言障碍。及时发现、诊断和干预，对儿童的语言和学习能力的发展尤为重要，家长和教育工作者需要密切关注孩子的语言发育情况，如果发现孩子出现语言发育迟缓的迹象，应及时寻求儿童康复科医生的帮助。

2. 舌系带短会导致孩子说话晚吗

舌系带是连接舌与口腔底部之间的一条薄带状组织，主要的功能是限制舌头的活动范围。一般来说，舌系带的长度约为 16mm，如果小于 12mm，就被认为是舌系带过短。舌系带过短会导致一些口腔动作不协调,例如舌头无法前伸超过下唇、上抬不能达到上门牙、左右摆动困难等。因此,舌系带过短可能会影响孩子的发音准确性,特别是涉及卷舌音和翘舌音的发音,例如"t""d""z""c""s""r""l"等辅音。

孩子的语言发展是一个复杂的过程,受多种因素的影响。导致孩子说话晚的原因有很多种,例如听力障碍、智力障碍、孤独症谱系障碍、神经系统疾病、特发性语言障碍及语言环境不良等。因此,当发现孩子说话晚或不说话,不能盲目地将责任归咎于舌系带过短。应该综合考虑孩子的具体症状,并进行全面评估。

总的来说,舌系带的长度过短会对口腔动作产生一定影响,可以导致个别音无法说清楚,但它并非是导致孩子不会说话或说话晚的直接原因。在发现孩子语言发展存在问题时,需要及时咨询康复科医生,寻求专业人士的帮助,以促进孩子语言能力的发展。

3. 贵人语迟需要治疗吗

贵人语迟是语言发育迟缓的一个特殊现象,且常有遗传倾向,爸爸或妈妈一方幼时说话晚,孩子则可能贵人语迟。生活中我们所谓的贵人语迟很少存在,贵人语迟实际就是语言发育迟缓,常是某些特殊疾病的早期表现,如孤独症谱系障碍、智力障碍等。

首先,我们需要理解语言发育在儿童成长过程中的重要性。语言能力不仅是说话,还包括理解、表达和与他人的交往。对于儿童来说,良好的语言发育是他们思维、社交、学习和生活的基础。如果孩子的语言发展迟缓,可能会对他们的未来产生一定的影响。那么,如何识别孩子的语言发育是否正常呢?每个孩子的发展速度是不一样的,但是我们可以观察儿童是否可以达到语言发展里程碑。例如,一岁时能否理解简单的指令,两岁时能否用两个词组成简单的句子。如果孩子在这些关键阶段出现落后,可能就需要引起关注。

如果孩子的语言发展出现迟缓,及时的干预和治疗是非常重要的。语言治疗师或儿童康复专业人士可以提供专业的评估和指导,帮助孩子提高语言技能。此外,在家中家长也可以通过阅读、唱歌、玩耍等活动来刺激孩子的语言发展。贵人语迟并不是一种规律,而是需要专业评估和干预治疗。如果发现孩子在语言发展上出现延迟,不要犹豫,尽快寻求专业的帮助。

4. 语言发育迟缓会是哑巴吗

语言发育迟缓不一定意味着一个人就是哑巴,没有主动语言。语言发育迟缓是指儿童与同龄人相比,语言能力的发展较慢。这可能表现为孩子在语言理解、表达或发音方面的困难。尽管语言发育迟缓可以对孩子的沟通能力造成挑战,但很少会导致完全无法说话。而哑巴一词通常用于描述无法或很少使用口头语言进行有效交流的人,这可能是由于生理或其他身体问题导致的,例如听力问题、声带问题、严重言语障碍或全面性沟通障碍,也可能是由于患有特定的语言障碍,如口语无法发出或完全无法开展口头交流。

大部分语言发育迟缓的儿童在语言发展上相对滞后,但他们通常可以发出声音,会尝试使用口语和肢体语言进行沟通。尽管孩子面临语言表达的困难,我们可以通过额外的支持和干预来帮助他们的语言发展。对于语言发育迟缓的孩子,早期干预和语言治疗是非常重要的。专业的语言治疗师可以根据孩子的具体情况,制订个性化的干预计划,帮助孩子发展和提高语言能力。每个孩子的发展进程都是独特的,有自己的节奏和时间表,所以语言发育迟缓并不一定意味着孩子的语言能力会长期受限,很多孩子在经过适当的支持和治疗后能够取得明显的改善,可以回归家庭及校园生活。

5. 语言发育迟缓会是磕巴吗

语言发育迟缓可能表现为磕巴、语速慢或言语不流利等症状之一,但并不是所有磕巴的人都属于语言发育迟缓。磕巴是一种语言流利性障碍,也称为口吃。它涉及语音、流利性和节奏等方面的困难,导致说话时出现重复、停顿、拖长音节等现象,如语言和运动神经系统之间的协调问题。与磕巴不同,语言发育迟缓更多关注的是儿童在语言能力方面的延迟和困难,如词汇量有限、语法不准确、发音错误等。语言发育迟缓和磕巴是两种不同的语言问题,尽管在某些情况下可能会重叠存在,但这并不是绝对的。

磕巴可以有多种原因,包括语言发育延迟、神经和肌肉控制问题、情感压力、焦虑等。语言发育迟缓可能导致儿童在语言表达方面存在困难,这可能包括发音不清晰、词汇受限、句子结构混乱等,从而导致磕巴的现象出现。然而,磕巴不仅限于语言发育迟缓的人群,也可以在其他人群中出现,包括成年人和非语言发育迟缓的儿童。如果家长对孩子的语言发展或流利性有疑虑,建议咨询专业的医生、语言治疗师或流利性专家。

6. 语言发育迟缓是不是缄默症

语言发育迟缓和缄默症是两个不同的概念,它们之间确实有一些共同之处,但也有一些明显的区别。语言发育迟缓是指儿童在语言能力方面相对于同龄人有一定的延迟。这可能表现为开始说话的时间延迟、词汇量有限、语法不准确等。语言发育迟缓可能由于多种原因引起,例如个体差异、环境刺激不足或神经发育问题等。这种延迟可能只涉及语言方面,而在其他发展领域可能正常。而缄默症,指言语器官无器质性病变,智力发育也无障碍但表现为沉默不语。选择性缄默症多发生于敏感、胆怯、孤僻性格儿童,平时父母过分溺爱、保护,因初次离开家庭、环境变动而起病。癔病、情感性精神障碍、精神分裂症患者亦可出现缄默症状。

缄默症主要原因是由于遗传因素导致,后天影响较语言发育迟缓明显较小。缄默症也可能导致语言发展的延迟,并且有些儿童在早期可能同时出现语言发育迟缓和缄默症的迹象,但缄默症一般无脑器质性原因,主要是因精神因素作用于具有某些人格特征的儿童而产生的。所以语言发育迟缓和缄默症是两个不同的诊断。并不是每个语言发育迟缓的孩子都有缄默症,而且并不是每个缄默症的孩子都有语言发育迟缓。都需要有经验的专业医疗人员进行全面的检查评估,包括神经系统检查、精神心理检查、听力检查、社会交流能力检查、学习能力检查、语言和言语检查,以及各种相关的客观检查,给予个性化的建议和干预措施,以支持孩子的语言发展和身心发展。

7. 语言发育迟缓是不是性格内向

语言发育迟缓不等同于性格内向。语言发育迟缓是指处于正常发育中的儿童在语言功能发育方面落后于同龄儿童的正常水平,主要以语言理解、表达能力明显滞后为主要表现。在人们普遍认知里,内向型人通常呈现出一种沉默寡言、不善交际的刻板印象,但其对于语言的理解与应用并不存在困难。此外,语言发育迟缓是婴幼儿最常见的发育问题之一,是特发性语言障碍、智力发育障碍、行为障碍等许多疾病的前兆症状,对此,若未能早发现、早干预会导致语言障碍,不但会影响儿童的认知、情绪及人际关系的发展,甚至会导致儿童出现行为问题。

因此,语言发育迟缓是儿童发育过程中一种动态变化的异常的预警征,性格内向是一种人格特质,是正常的表现,两者不能相提并论。

8. 语言发育迟缓是遗传自父母吗

语言发育迟缓可能受到遗传因素或基因突变的影响,但这并不意味着一定由父母直接遗传。遗传因素可以在一定程度上影响儿童的语言、认知发育,但环境和其他非遗传因素也会对语言发育产生重要的影响。有些患有语言发育迟缓的情况,可能与家族中其他亲属的语言发育问题相关。如果一名儿童的父母或近亲有语言发育迟缓或语言发育障碍的病史,则该儿童可能更容易出现类似的语言发展延迟。

语言发育是一个非常复杂的过程,不仅受到遗传因素的影响,环境对语言发育的影响非常也重要。儿童在成长过程中所接触到的语言刺激、家庭环境、早期教育和亲子互动等,都对语言的发展起着重要作用。儿童的语言发育需要在富有刺激的语言环境中进行,通过与父母和其他人的互动和交流来学习语言能力和沟通技巧。因此,如果父母或其他关键养育者缺乏对孩子的语言刺激和互动,也可能导致语言发育延迟。

虽然遗传因素可能在语言发育迟缓中起到一定的作用,但只有遗传并不能完全解释孩子是否会出现语言发育迟缓的情况。这是一个复杂的交互过程,涉及多种因素的综合影响。最准确的评估和解释需要参考具体个体的情况,并由专业的医疗人员或语言治疗师来进行评估和指导。

9. 语言发育迟缓有什么类型呢

语言发育迟缓作为一种临床表现,可以单独存在,也可以是孤独症谱系障碍、听力障碍、智力障碍等其他疾病的主要表现之一。

语言发育迟缓类型按语言使用角度分为五类:①语言表达障碍:儿童对语言的理解正常,但语言表达特别困难,通常表现为患儿说话晚、言语匮乏,但是非言语交流能力基本正常,有非生理性缺陷所致的发音困难;②语言理解障碍:指在语言的理解方面有特别的困难,且通常伴随有表达障碍,语言能力比表达性语言障碍的儿童弱;③语言理解和表达的混合性障碍:在语言理解与表达方面都存在问题;④语言信息处理问题:儿童说话流利,但内容非常肤浅,而且在交谈中难以保持话题,只关注自己所选择的话题;⑤语言韵律问题:儿童能听会说,但说话时存在韵律失调的问题,表现为语调、节奏、重读和重音等方面的异常。通常表达性语言发育迟缓的儿童预后较好。

10. 导致语言发育迟缓的原因有哪些

导致语言发育迟缓的原因主要有先天性原因、环境因素等,以下原因较为常见:

(1)宫内窘迫、宫内感染、病理性黄疸等围产期因素,这些情况可能造成脑部细胞神经受损,从而对儿童的语言、认知、运动等各方面造成影响。

(2)神经系统疾病:各种累及语言中枢的器质性病变,如脑炎、脑瘫、脑发育不全等均可能导致不同程度的语言障碍。

（3）听觉障碍：听觉是语音感知的重要途径，听觉异常对语言信息的接收、理解、输出和表达均会受其影响，从而导致语言发育迟缓。

（4）智力障碍：这类儿童的听觉理解、言语表达和语言理解等多方面落后明显。

（5）孤独症谱系障碍：以社交、沟通障碍及重复、刻板行为为主要特征。严重孤独症患儿缺乏语言和共同注意，也会有语言重复、鹦鹉式仿说、自言自语、答非所问的情况。

（6）屏幕暴露：过早过多地让孩子接触电子产品，孩子在看手机和电视时，只是被动地接收各种信息，没有互动与交流，而语言的发展需要"一来一回"的语言沟通环境，如果经常让孩子看电子产品就容易阻碍其语言发展，甚至影响认知能力发育。

（7）语言环境剥夺：在孩子语言发育的过程中，模仿是很重要的过程，从开始的模仿粗大动作到后来渐渐模仿发音，如果家长在家里过于沉默会导致孩子所处的生活环境中语言刺激减少，致使后续儿童缺少与同龄伙伴之间的互动、模仿，造成语言环境的缺失，导致语言发育迟缓。

（8）遗传性疾病：语言发育迟缓可能是某些染色体病变、基因病变及一些遗传代谢性疾病的早期表现。

11. 家中第一个孩子语言发育迟缓，同胞弟妹患病的概率大吗

单纯语言发育迟缓不合并认知、社交等其他发育障碍性疾病，如果一个孩子患有语言发育迟缓，同胞弟妹同样患有语言发育迟缓的概率相对比较小。不可否认的是，个别特殊疾病如孤独症谱系障碍，如果家中一个孩子患有孤独症谱系障碍，则其同胞弟妹患病的概率大大增加。语言发育迟缓指

由各种原因引起的儿童口头表达能力或语言理解能力明显落后于同龄儿童的正常发育水平,听力障碍、构音器官疾病、中枢神经系统疾病、语言环境不良等均是儿童语言发育迟缓的常见原因。如果家族中三代直系近亲都没有出现语言发育迟缓或语言发育障碍的情况,那么同胞患病也就是遗传的概率会非常小。

由于儿童的发育水平具有个性化,有遗传的因素,也有孕中后期的高危因素,比如早产、新生儿缺氧、某些新生儿疾病等,或者听力障碍引起的语言发育迟缓,后天语言环境不良等问题都是重要影响因素。如果孩子出现语言发育迟缓,应及时进行干预,寻求专业机构的帮助,提供合适的治疗方案,以帮助他们提高语言交流能力。这些方案包括家庭治疗、行为治疗、语言治疗和听力治疗等。很多家长认为孩子讲话晚是贵人语迟,常采取等待和观望的态度,使其错过了最佳的干预时期。

如果孩子出现了语言发育迟缓的症状,应早期就诊、早期治疗,以免耽误孩子的最佳诊疗时机。尽早帮助儿童克服语言障碍,提高语言表达能力,可使孩子更好地适应社交和学习环境。

12. 长时间玩手机、平板电脑等电子产品会影响孩子的语言发育水平吗

玩手机、平板电脑等电子产品也称为屏幕暴露,长时间的屏幕暴露会对语言发育产生一定的影响。儿童在早期的语言发育过程中,最重要的是接触到丰富多样的语言环境和得到大量的语言输入。面对面的交流和互动可以为儿童提供丰富的语言刺激及模仿机会,促进他们的语言习得。当儿童大部分时间都花在电子产品前,可能会导致语言输入的不足,从而

对儿童的语言发育产生负面影响。长时间使用电子产品对语言发育产生的负面影响,主要有以下几个因素:

(1)语言刺激减少:过度依赖电子产品导致儿童减少了与他人进行交流和接受口头语言刺激,限制了孩子接触到的词汇的数量和多样性,从而影响语言发展。

(2)互动时间减少:长时间使用电子产品减少了儿童与他人交流和社交互动的时间,而交流和互动是语言发展的重要环境。

减少屏幕暴露对孩子的负面影响家长可以这样做:首先,家长应以身作则,避免长时间沉迷于电子设备,为孩子提供正确的示范;其次,孩子的电子产品使用方面需要保持适度和平衡,包括限制使用时间、使用频率;最后,家长可以根据孩子的年龄和个人需求,选择高质量的育儿、教育内容与孩子一起进行互动和交流。

对于已有语言发育迟缓、孤独症谱系障碍的儿童,经常玩手机、平板电脑,可能会加重其语言障碍的程度,增加刻板行为,专注力涣散。过度的屏幕暴露也会导致儿童语言表达及理解能力较同龄儿童差,对其语言发育、社会功能发展等多方面存在不利的影响。

13. 只会用手势表达不会用语言表达是语言发育迟缓吗

在我们身边,可能会遇到一些孩子,他们虽然能够理解和回应他人的手势和表情,但却无法用语言表达自己的思想和情感。对于这种情况,我们不禁要问:这是否意味着他们的语言能力存在发育迟缓的问题。

语言是人类沟通的重要工具,也是我们思考和表达自我意识的主要方式。然而,对于一些孩子来说,使用语言却是一件非常困难的事情。他们因为各种原因,如语言理解障碍、语言表达障碍、社交沟通障碍、智力障碍、语言环境不良等,而无法像正常孩子使用语言进行交流。这种情况不仅会影响他们的社交能力,还会影响他们的情感和心理健康。如果儿童没有达到语言发育的里程碑,只能用手势或肢体语言来表达自己的意愿,也是语言发育迟缓的表现,应该给予重视和关注。婴幼儿时期常会出现语言理解能力发育好于语言表达能力,男孩更多见,这是一种良性的语言发育迟缓。需要强调的是,这种类型的语言发育迟缓,一定没有认知、社交方面的发育问题。

对于存在语言发育问题的孩子,我们应该如何帮助他们呢。首先,要为儿童创造一个积极的鼓励交流的环境,让他们有足够的动机和机会去尝试使用语言表达自己,例如可以通过游戏、互动故事时间等方式来激发孩子的兴趣和参与。在适当的情况下,可以使用手势辅助来帮助孩子表达自己,例如当孩子用手势表示想要饼干时,可以鼓励他们尝试用语言表达自己的需求。针对孩子的具体情况,可以采取一些具体的口语训练方法,如语音刺激、模仿发音等,来帮助他们建立口语能力。同时学校和家庭应该密切合作,共同为孩子创造一个支持和鼓励的语言环境,帮助他们建立自信和使用语言表达自己。

14. 孩子说话不清晰是语言发育迟缓吗

发音不清晰并不一定意味着语言发育迟缓,但是发音不清晰一定要诊断是否合并语言发育迟缓,因为在某些疾病中两者可能共患。发音不清晰可能有多种原因,包括生理、环境和语言习得方面的因素。例如,某些孩子可能出生时就有生理问题,如口腔结构异常或听力障碍,可能导致他们发音不清。此外,家庭语言环境和语言输入的质量等因素,也可能对孩子的发音产生影响。最后,个体的语言习得能力也可能对发音产生影响。

许多孩子在语言发展的早期阶段都会有发音不准确或不清晰的情况,比如不会说翘舌音、"黄"和"王"音不分的情况,这都是正常的现象。孩子们需要通过不断练习和听到正确的模范发音来逐渐改进发音技巧。对于语言发育迟缓、脑性瘫痪、孤独症或智力障碍的孩子也可能会出现发音不清晰的情况,但是他们通常会伴有其他语言技能方面的障碍,例如词汇的掌握、语法的运用或语言理解障碍。

对于大多数儿童来说,发音问题是正常的语言发展过程的一部分,随着时间和经验的积累,他们的发音会逐渐改善。然而,对于一些孩子来说,发音问题可能与语言发育有关,需要专业的评估、诊断和治疗。

15. 语言发育迟缓需要评估智商吗

语言发育迟缓不一定是智力障碍,但是智力障碍的孩子往往都存在语言发育迟缓。语言发育迟缓是由多种因素造成的,语言发育也影响儿童社会交往能力,对将来的阅读、理解、计算各个方面的能力造成一定的影响,导致学习困难。语言发育迟缓影响儿童语言沟通和人际交流能力的发展,还会带来长期的心理、社会和行为方面的影响。引起语言发育迟缓的原因较多,如孤独症、听力障碍、智力障碍、环境等因素,如果语言表达和语言理解能力都要比同龄人的正常发展速度慢,可能会影响认知发育,有可能存在智力方面的问题。

应先对语言发育迟缓儿童进行发育评估,评估其是不是单纯的语言发育迟缓。建议使用发育评估工具《儿童神经心理行为检查量表 2016 版》。发育评估可以从大运动、精细动作、语言、适应能力、社会行为等方面测评。通过评估,可以及时了解儿童各个领域发育正常与否,处在同龄儿童的何种水平,是单项异常还是全面发育异常或障碍,发育评估也常是某些行为和心理障碍的诊断及鉴别诊断辅助方法之一。

还可以做智力测试,目前常用的量表有经典的韦氏智力测试量表(图 1)。如果智力评估显示智力发育迟缓或智力障碍,落后较多的情况下要进一步完善影响智力发育的各项检查,比如颅脑磁共振、脑电图、血液生化检查及遗传代谢病筛查等。

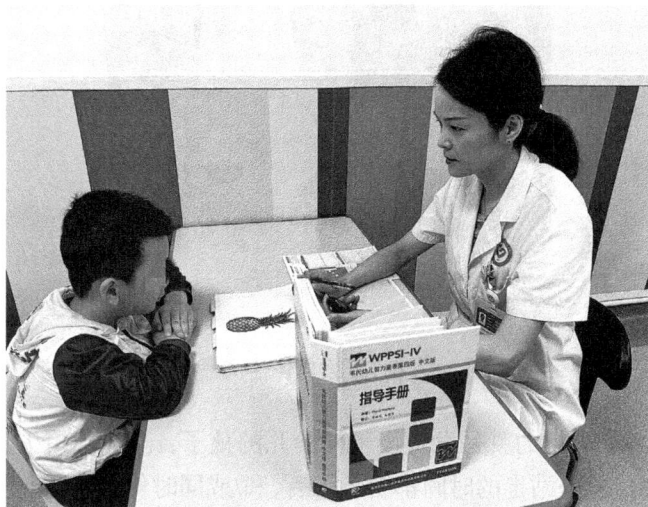

图 1　智力测试

16.　什么是发育评估

提到发育,很多家长首先想到的是体格发育,即我的孩子身高怎么样、体重怎么样,往往容易忽略神经行为的发育。对于儿童来说,常用发育评估量表的性质包括筛查性量表、诊断性量表和专项测试量表等(图2)。哪些孩子需要做发育评估呢?

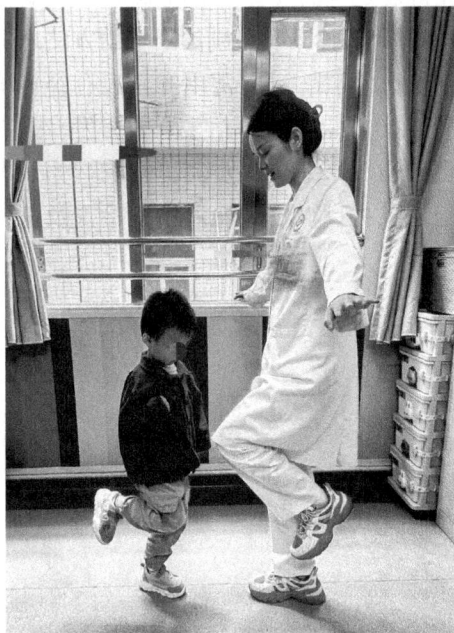

图2 发育评估

最常见的就是发育慢于同龄儿的孩子,比如说,抬头晚、翻身晚、坐站走的时间都明显落后,和/或同时伴有发音晚、说话晚的孩子。此外,还有一些需要做发育测试的孩子很容易被家长和老师忽视,他们往往表现为过度顽皮、好动、难于管理、坐不住、不听从指令;有的低龄儿童表现为固执倔强、脾气暴躁、要求一旦得不到满足就哭闹不止、很难听从家长的劝慰、不会等待和变通。这部分儿童运动能力相对于他们的理解能力而言比较高,对周围环境接触较多,一般人很难想到他们的多动、难于管理是因为孩子对事物的理解差,自我约束能力达不到同龄孩子水平造成的。尽管其体格发育、运动能力达到甚至超出同龄孩子水平，但是理解配合、自我约束能力却远低于正常儿童，所以显得尤其多动、顽皮。

我们提倡发现问题早期就诊，通过问卷、答题和操作等这些发育评估，能够尽早发现儿童运动、语言、智力发育的落后并判断其程度，尽早诊断和干预，最大程度地改善患儿的预后。但是，即使是诊断量表所得的结论，也不能单独作为临床疾病诊断唯一依据，需要结合临床症状和相关的检查检验结果。而且，评估结果只代表被试儿童当时的情况，不代表其以后的发展，需要定期复查。

17. 语言发育迟缓需要定期复查吗

语言发育迟缓需要定期复查。医生确定了儿童的康复需求以及收集相关医疗记录和家庭资料后，需要对儿童的身体功能、认知和心理等方面进行全面的康复评估，分析评估结果，才能与治疗师一同确定康复目标和个性化康复方案。康复评估指的是评估师利用专业评估工具和方法，有效准确地评估儿童功能障碍的种类、性质、部位、范围、严重程度、预后等，为科学的康复治疗计划提供证据支持，同时还能评价康复治疗效果，即通过两次（及以上）评估结果对比等方式对康复治疗过程进行有效的监控，让治疗师及时调整康复治疗方案。因此，定期的复查评估在康复治疗过程中是必不可少的。

一份专业的康复评估包含了孩子的多个发育领域，如《儿-心量表 2016 版报告单》评定量表中就包含了儿童发育的六个方面，有大运动、精细动作、适应能力、语言、社会行为、警示行为，最终通过得分换算我们可以得出儿童目前的发育月龄及发育商，通过与实际的发育月龄相比较找出孩子的落后的项目，作针对性的康复治疗。当孩子经过专业的康复治疗整体能力上升并达到了他目前的发育水平后，可考虑结束治疗,但仍需要按照医嘱准时到医生处进行复查。我们建议3岁以内的儿童3个月复查一次,3~6岁的儿童6个月复查一次,6岁或以上的儿童1年复查一次。

18. 家长怎样才能发现孩子语言发育迟缓呢

孩子的语言发育是家长在孩子早期发展中关注的重点之一,语言发育迟缓意味着孩子的语言能力未能达到与其年龄相符的水平,家长可以在不同年龄段留意以下情况。

对于0~3个月的婴儿,可以观察孩子是否对声音有反应、是否能够追视移动的人或物体,以及是否能够转头找到声音的来源。此外,观察孩子对他人微笑的反应也是一个重要的指标。对于3~6个月的婴儿,家长可以留意孩子的发音情况,是否能够发出笑声。在6个月至1岁的婴幼儿阶段,家长可以观察孩子对声音的应答能力,包括是否能够区分陌生人和熟人;观察孩子是否能够吞咽固体食物,是否可以模仿简单的动作和表情。当孩子年满1岁时,家长可以留意孩子是否能够理解简单的指令,例如"给我玩具"或"过来";观察孩子是否能够发出简单的单词和咿呀声,如"妈妈""爸爸""抱抱"等。

家长可以通过观察孩子在不同年龄阶段的语言行为和交流能力,来判断孩子是否存在语言发育迟缓的情况。早期发现、采取适当措施进行早期干预,可以帮助孩子克服语言发育迟缓的问题。

19. 如何准备家庭治疗的辅助工具呢

语言发育迟缓的孩子常伴有认知、理解、表达等各方面能力的落后,仅在康复机构或医院的干预治疗是远远不够的,家庭治疗作为辅助治疗方法也是十分重要的。在家庭治疗过程中,合适的辅助工具不仅可以提高孩子的积极性,能使孩子的配合度更高,还能促进健康的亲子关系,使家庭治疗发挥事半功倍的效果。以下是一些适用于家庭治疗的辅助工具,可帮助语言发育迟缓儿童提高语言能力。

（1）相关的书籍:相关的康复书籍是家庭治疗中常用的辅助工具,它们提供了丰富的理论知识、案例分析和实用技巧。例如:亲子沟通相关的《孩子的第一位老师》《好孩子需要坏父母:让孩子养成独立的好方法》等;学习能力培养相关的《儿童认知发展》《提升专注力:让儿童学习更出色》等;教育理念相关的《蒙特梭利儿童教育》等。

（2）有趣的玩具和游戏方式:有趣的玩具是家庭治疗中常用的互动工具,合适的游戏方式更是可以帮助家庭成员之间建立健康的亲子关系,增进孩子的语言理解和促进其表达的发展。可以用游戏方式及互动玩具,如家庭沙盘游戏、家庭绘画活动、家庭角色扮演等。还可以准备一些受孩子"欢迎"的玩具;感官刺激类玩具,如太空沙、橡皮泥、沙锤等;激发互动类玩具,如种萝卜、敲钉子、轨道车等;组建拼接类玩具,如木质积木、乐高积木、磁力片等;假想游戏类,如厨房玩具、汽车玩具等。

20. 语言发育迟缓需要做口肌治疗吗

口肌治疗也称为口腔肌肉功能训练,是一种针对口腔内部肌肉进行的训练,它有助于改善吞咽、咀嚼和语言表达的能力。如果孩子有吃东西时经常咳嗽、说话不清晰、吞咽困难、口水过多,这些可能是口腔肌肉功能问题的表现,也可能影响孩子的语言发展。

一旦发现孩子有口腔肌肉功能问题,需要进行一系列的评估和治疗。评估过程中,可通过观察孩子的咀嚼、吞咽和发音等能力,然后制订个性化的治疗方案。治疗包括唇部、舌头、下颌、软腭的感知觉及运动训练,以及呼吸的控制训练等。可以在家里进行一些基本的口肌治疗练习。例如,可以引导孩子用吸管喝水锻炼合唇的动作;让孩子吹蜡烛或吹笛子锻炼呼吸耐力和控制;用棉棒或海绵刷轻刷唇部周围和口腔内壁,来改善孩子的感知觉。这些练习应该在专业人士的指导下进行,以确保安全并获得最佳效果。

总的来说,对于语言发育迟缓的孩子,口肌治疗可能是一个重要的组成部分。如果孩子在语言发展上遇到问题,或者表现出上述口肌问题的迹象,建议及时寻求专业的帮助。

21. 什么疾病可能共患语言发育迟缓

语言发育迟缓是多种疾病的某一障碍表现,并非一个正式的疾病诊断,以下疾病常共患语言发育迟缓。

(1)听觉障碍:各种原因导致的儿童听觉障碍,导致大脑接受语言刺激的途径被切断,影响了脑功能的正常发育,最终会造成语言障碍、认知障碍和交流障碍。

(2)构音器官异常:如腭裂、肌张力低下,以及中枢神经系统疾病导致的与发音器官有关的肌肉和/或呼吸系统功能异常均会导致语言发育迟缓。

(3)孤独症谱系障碍:交流与交往障碍是孤独症儿童的核心症状之一,与语言发育迟缓不同的是,孤独症儿童词汇量偏少,多存在代词运用错误且语言理解能力与表达能力明显落后于同龄人。此外,孤独症儿童音调多不伴相应的情感变化。

(4)智力障碍:该类儿童一般18岁前起病,智力明显落后于同龄人,有着不同程度的适应性行为缺陷等,智力障碍儿童的语言发育迟缓主要是认知受损所致。

(5)脑性瘫痪:由于受脑性瘫痪疾病的特点影响,脑性瘫痪儿童存在中枢神经系统损伤或发育不良,导致与言语有关的肌肉麻痹、收缩力减弱或运动不协调,从而导致语言发育迟缓、构音障碍、口吃、吞咽困难等问题。

(6)其他:癫痫、染色体病、基因变异病等均可以共患语言发育迟缓。

22. 什么是语言发育的里程碑

发育里程碑指的是婴幼儿在生长发育过程中所达到的一系列重要发展阶段,父母可以通过这些重要阶段来了解儿童言语和语言的发育情况,以及儿童是否有出现发育落后情况。言语和语言发育的里程碑如下。

(1)0~1岁:3个月时,发出"咕咕"声;6个月时,发出"咿咿呀呀"声,开始尝试模仿(比如:ba ba、ma ma),转向说话的人,对"不"作出反应,用特殊的哭声来表达"需求",识别自己和家庭成员的名字使用手势沟通,如需要抱抱时候张开双臂同时挥手,开始有意识地说"妈妈、爸爸",开始对问题做出答复,如"还要吗"。

(2)1~2岁:开始使用各种声母和韵母的组合,此阶段的很多言语只有家庭成员和看护者理解,常用简单的声母或韵母代替相对复杂的,如把chi(吃)发成(ci);将两个不同的字组成一个词,如要喝;按照单步骤指令行动,如抓住球;回答"是"或"不是",如:他是爸爸吗? 经常使用手势,如指、拿、要。

(3)2~3岁:熟练掌握 p、b、m、n、w、h、t、d、k、g、ng、y 等发音,所说的言语 50%~75% 能被非家庭成员理解;将 3 个不同的字组成词,如我要喝;理解很多反义词,如大/小、上/下;能执行 2 步指令,如拿起你的鞋,给爸爸;开始对需要的目标命名;回答简单的开放性问题,如这是什么?

23. 如何抓住语言发育暴发期

一般 2~3 岁的儿童可以掌握大约 300 个常用的词汇，但有的儿童只能掌握 70~100 个词汇，有的儿童却可以掌握 500~600 个词汇。为什么相同年龄阶段的儿童掌握词汇量的水平会有如此明显的差异呢？主要原因是有些家长抓住了孩子的语言暴发期予以正确的引导。儿童在语言暴发期时词汇量有着明显的提升，特别喜欢问各种各样的问题、模仿大人讲话并运用到生活中，是语言的发展的黄金期。

（1）积极与儿童主动交流。随着儿童语言能力的提高，儿童说话的动机也在明显增加，开始追着大人问"这是什么？""为什么这样？"等问题，家长可以利用儿童这一特点，积极引导儿童扩大词汇量和常识。当儿童在生活中有需求时，如想要吃什么、想要玩什么而不会表达时，家长可以帮助儿童将需求讲出来，如"宝贝是不是想吃苹果？""宝贝要玩小汽车吗？"在日常生活中教儿童如何去表达。家长也可以将当日发生的有趣的事情，通过简短、形象的表达分享给儿童。通过日常的强化提高孩子的语言表达能力。

（2）多与儿童进行互动活动。家长可以通过与儿童一起听、唱儿歌，一起阅读绘本，一起讲故事、编故事等方式，每日帮助儿童接触新的词汇，儿童会尝试在生活运用这些词汇，慢慢儿童的词汇量会越来越多，语言慢慢会从以词语为主转变为以句子为主，表达内容越来越丰富。

24. 语言发育迟缓不干预会恢复正常吗

当孩子出现了语言发育迟缓，建议家长及时带孩子就诊。如果孩子排除广泛性发育障碍等原因，只是由于家庭语种比较复杂或者语言环境比较单一,父母都不爱说话等环境因素导致的语言发育迟缓,不需要进行专业的干预治疗,家长给予合理正确的引导,也是可以得到很好的恢复效果的。但是,语言发育迟缓往往是某些疾病的早期表现,如孤独症倾向、智力障碍的儿童在早期都是以语言发育迟缓就诊的,这时候儿童自身发展语言学习是非常困难的。这种情况出现语言发育迟缓一定进行早期干预,一旦错过了最佳干预时机,那么预后通常都不乐观。

总的来说,当孩子出现了说话晚、理解差、注意力不集中等情况,家长要及时寻求专业人士的评估和诊断来判断孩子发育落后的严重程度,尽早介入康复治疗(图3)。除了在康复机构进行培训之外,家庭生活中对孩子进行针对性的培训也是非常重要的,如给孩子创造丰富的语言环境、统一交流语言等。家长也可以通过一些如躲猫猫、唱儿歌等小游戏来提高儿童的沟通欲望和模仿等能力,从而提高儿童的语言表达能力。

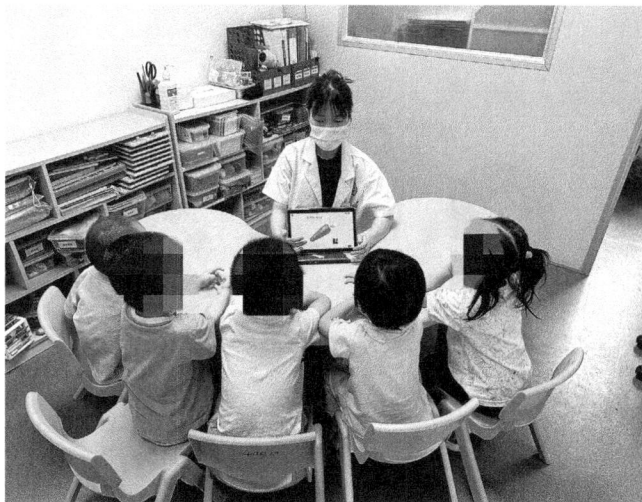

图3 语言发育迟缓的小组治疗

25. 语言发育迟缓什么时候开始做训练

语言发育迟缓是一种儿童常见的发育问题,是指儿童在语言发展过程中较同龄人迟缓,没有达到其年龄相应水平。其常表现为不能理解或表达与同龄人相同水平的语言,开口时间晚、交流能力较弱、语音不清、词义理解能力较弱、阅读能力落后等。

语言发育迟缓儿童与正常发育儿童在语言的理解及表达方面会出现明显差异。家长一旦发现儿童有语言发育落后的表现,需立即带儿童到正规医院进行诊断。若采取等待的态度,会错过最佳干预时机,"贵人语迟"在生活中还是非常少见的。0~6岁时期是儿童智力发展的关键期,也是儿童语言能力发育的关键期,其中3岁之前更是黄金期。对儿童的早期语言干预可以有效促进患儿的语言发育进展,降低语言障碍对其成长发育的不良影响,干预越早效果越好(图4)。

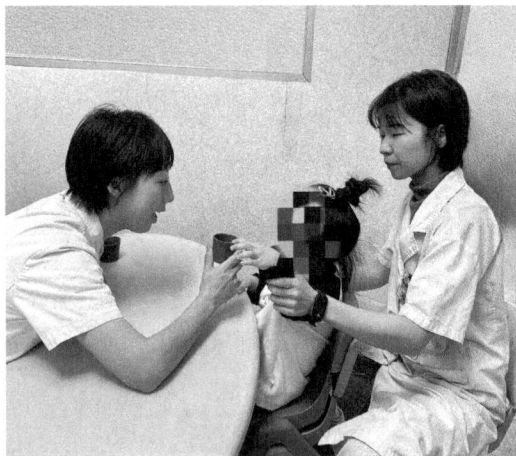

图4 儿童的早期语言干预

对于疑似语言发育迟缓的儿童,一定要做到早识别、早发现、早诊断、早治疗,为儿童争取到最佳的干预时机。

26. 语言发育迟缓需要训练多长时间

语言发育迟缓需要训练多长时间受多种因素的影响,主要与语言发育迟缓的病因、语言发育迟缓的程度、首次就诊和治疗的时间、治疗的强度、智力水平等密切相关。对于一些特殊原因引起的语言发育迟缓,训练的时间是很难确定的,比如智力原因、小儿脑瘫、孤独症谱系障碍等,通常需要进一步系统的评估测试,明确病因,针对不同的病因做出针对性、科学性和严谨性的治疗方案,以求得最适合的训练方法。如果是单纯的语言发育迟缓,在儿童早期进行训练,预后较好,经过3~6个月的训练一般会有一定疗效。

康复周期的长短和各种复杂因素相关,主要考虑以下因素:①干预时的年龄:1~3岁是孩子语言发育的黄金期,语言能力在此阶段突发猛进的发展,早诊断、早干预、早治疗对后期的康复疗效和时长有决定性作用;②认知水平:如果孩子掌握的词汇量较少、理解及认知能力差,那么后期的康复时长可能会相较自身基础能力好的孩子康复时长增加;③治疗师的康复计划方案制订,尤其是治疗的强度,近期、远期康复目标的有效实施;④家长配合度:治疗师在课堂上教的东西要教会小朋友在日常生活中运用。具体要训练多长时间不能一概而论。不同年龄、不同成长环境、个体差异等,都可对康复周期产生影响。

27. 语言发育迟缓和构音障碍有区别吗

构音障碍是指由于构音器官先天性和后天性的结构异

常,神经、肌肉功能障碍所致的发音障碍,以及虽不存在任何结构、神经、肌肉、听力障碍所致的言语障碍,主要表现可能为完全不能说话、发声异常、构音异常、音调和音量异常及吐字不清,不包括由于失语症、儿童语言发育迟缓、听力障碍所致的发音异常。构音障碍主要包括运动性构音障碍、器质性构音障碍、功能性构音障碍三大类,不同类型的构音障碍,治疗效果存在一定的差异。

语言发育迟缓是指发育过程中的儿童语言发育没有达到与其年龄相应的水平,语言发育迟缓可能由听力障碍、智力发育迟缓、孤独症谱系障碍、语言环境剥夺等因素引起,如不及时干预治疗可能会影响患儿的阅读、理解、计算等能力,严重影响学习、生活、工作、心理等各方面。

语言发育迟缓强调词汇量的掌握、语言表达能力和理解能力,构音障碍更强调发音吐字问题。语言发育迟缓的症状中也包括了吐字不清等问题,所以通俗来说,儿童如果只是单纯发音不准,可以考虑为构音障碍,如果还有其他方面的问题就可以考虑为语言发育迟缓,但都需要到专门的康复机构做全面的评估检查,才能进一步判定发生语言障碍的原因。

28. 语言发育迟缓超过6岁就没办法改善了吗

根据儿童的语言发育里程碑,儿童在1.5岁以后词汇量会迅速发展,2~3岁增加更快,5~6岁渐缓慢,对于语言能力育迟缓的孩子,一般年龄越小,经过治疗其进步越明显,预后效果越好。其原因是6岁时大脑的重量、中枢神经系统的功能分化越来越接近成年人。但是语言能力更多的是依赖后天的语言环境刺激、训练习得的,人的智力和语言能力在中年时期才能达到顶峰,因此语言发育迟缓的儿童超过6岁,经过科学、系统及一定强度的治疗,语言能力仍会继续发展进步,但是发展的态势较6岁前有减弱。

如果是环境因素造成的语言发育迟缓,一般积极康复治疗后可以得到较大改善。孩子成长过程中,若是没有同伴玩耍或者家长陪伴较少,会导致孩子交流沟通的机会明显减少,容易影响语言功能的发育。家长可以多陪伴孩子,或者进行专业的语言康复训练,可以使孩子语言能力得到较大的改善。另一方面,如果是先天性发育异常或由于听力功能障碍导致的语言功能障碍,6岁前的康复治疗十分关键,6岁后的康复疗效则相对降低。家长应先知道造成孩子语言发育迟缓的原因,再根据孩子的实际情况对孩子进行正确、有针对性、强度足够的干预手段,孩子才能有比较好的恢复效果。早诊断、早治疗十分重要,只要行动起来,就有改善的可能。

29. 语言发育迟缓与情绪和行为问题有关吗

语言发育迟缓与情绪和行为问题不是直接相关的,但是语言发育迟缓又在语言的理解和表达上的迟缓表现异常突出,而随之引起的情绪和行为问题也不容小觑。一方面是由于孩子语言理解较差,表现出对周围环境或者指令的理解欠佳,导致心理出现负面的变化,焦虑、自卑、退缩是常见的表现,还比较抗拒陌生人的接触,所以更容易表现出情绪控制差或一些行为问题,如多动、冲动、攻击性等。另一方面是语言表达困难的孩子往往难以表达自己的需求和感受,从而导致情绪和行为问题。比如一个3岁的孩子还不会说话,他想要的东西无法用语言表达,只能哭闹或者用手指指,这时候,家长如果不能及时满足他的需求,孩子就会感到失落和沮丧,进而表现出情绪上的问题,如易怒、焦虑、抑郁等。

随着语言发育迟缓儿童的整体能力得到提升后,他们的情绪和行为问题往往能得到较大的改善。所以,为了避免情绪和行为问题发生的关键还是在孩子的能力提升上,其语言理解、认知和表达等能力改善后,不良行为自然会相应减少(图5)。但是,如果孩子能力提升后,情绪和行为问题仍没有很大的改善,需立即寻求专业的康复机构进行全面的评估分析,并进行相应的行为矫正治疗。

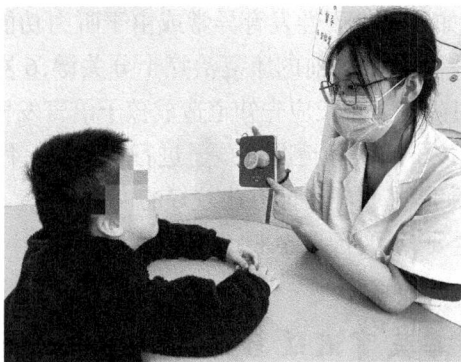

图5　语言表达训练

30. 语言发育迟缓是因为听力不好吗

造成语言发育迟缓的原因很多,主要包括听力障碍、智力发育迟缓、孤独症谱系障碍、语言环境剥夺等,而不仅是听力不好的原因。听觉对儿童的语言发育非常重要,如果在语言发育期间长期存在对口语的输入障碍,如中度以上的听觉障碍状态,则语言信息的接受(理解)和信息发出(表达)等会受其影响,导致语言发育迟缓。家长应到专业机构确定孩子的听力状况,一旦孩子确定患有听力障碍后,首先应寻求外界的协助,包括选择合适的助听器,同时需要寻求专业的机构干预辅助,其次家长应该多鼓励孩子进行日常沟通,可通过日常对话、书籍或音乐和孩子互动,说话时每个字都要发音清楚,同时使用肢体语言和其他物件来帮助孩子理解(图6)。在确保孩子听辨能力已经良好的情况下,还要考虑以下方面。

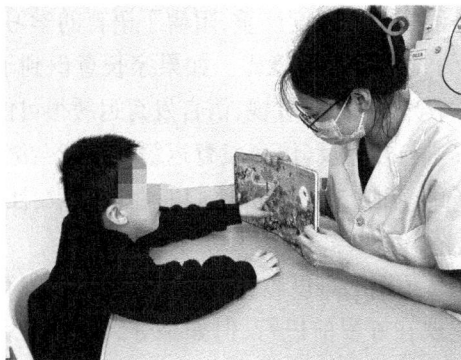

图6 通过书籍和孩子互动

(1)智力发育迟缓:智力发育迟缓在语言发育迟缓中所占的比例最大。在语言症状方面,患儿对语言的接受和表达能力均较实际年龄迟缓,在学习过程中,语言的接受(理解)迟缓,结果语言的发出(表达)迟缓。所以除了听力原因,还需要考虑是否存在智力发育迟缓的情况。

(2)孤独症谱系障碍:孤独症患儿常因语言交流对象和语言刺激本身缺乏而导致语言发育受限严重,也常表现出模仿语言,以及与场合不符的自言自语、人称代词混乱使用、单调的讲话方式等情况,需要注意甄别。

(3)语言环境剥夺:在儿童发育早期脱离丰富的语言环境也可以导致语言发育迟缓,而适宜的语言环境是正常语言发育过程的关键。

31. 语言发育迟缓几岁能恢复正常呢

　　0~6岁是儿童语言迟缓的多发年龄段,在2岁时表现出语言发育迟缓的儿童,3~4岁时约有一半语言发育水平达正常,另一半孩子的语言发育仍低于其同年龄段水平。这部分儿童可能是语言迟缓程度严重,阻碍了语言的学习、沟通和社交关系,成为真正的语言障碍。如果家长意识到了孩子的语言发育异常表现,并加以重视,语言发育迟缓很可能会在短期内得到解决。与之相反,语言发育迟缓很可能会继续发生,甚至影响孩子的其他方面,造成他们的性格偏激、社交障碍、学习困难、专注力问题等。

　　年龄越大矫正的难度越大、效果越差,语言发育迟缓的训练和矫正建议在6岁前进行,但如果等到6岁之后还未曾接受过语言干预,家长们就要做好孩子智力永久性损伤的准备。经语言矫正而恢复的语言发育迟缓儿童在语言病理学上被称为"单纯性语言发育迟缓",与之对应的"病理性语言发育迟缓"则需要更为专业的医疗手段介入。语言发育迟缓儿童在接受矫正和训练时,父母、家人必须摒弃错误育儿手段,提供丰富的语言环境刺激,与孩子进行频繁的对话、读故事书、唱儿歌等,以帮助他们接触更多的语言输入。当孩子尝试用语言表达时,给予积极的反馈和鼓励,让他们感到自信。

32. 语言发育迟缓的危险信号有哪些

　　儿童早期语言表达落后常被家长忽视,更有些家长持观望态度,认为是"贵人语迟""男孩比女孩说话晚""生活在双语环境中"等。早期语言能力发展是其智力发展的重要标志,也是学习其他技能的基础。语言发育迟缓儿童不仅存在发音错误、词汇量少等问题，还经常伴有整体发育落后。仔细观察，会发现很多语言能力落后的孩子，常有学习能力、运动、精细动作、社交行为等多项发育低下。所以，当家长发现说话比同龄孩子晚，或者是怀疑孩子有语言问题，千万不要选择观望，一定要带孩子到正规医院和康复机构进行就诊，进一步筛查病因，以免延误诊治。

与语言正常发育的同龄孩子相比，语言发育迟缓的孩子在早期通常会出现这些表现：3个月逗引时不发音或不会微笑；6个月发音少，不会笑出声；8个月听到声音无应答；12个月呼唤名字无反应；18个月不会有意识叫"爸爸"或"妈妈"；24个月不会说3个物品的名称；30个月不会说2~3个字的短语；36个月不会说自己的名字；4岁不会说带形容词的句子；5岁不能简单叙说事情经过；6岁不会表达自己的感受或想法等。

33. 小朋友不能与人沟通就是语言发育迟缓吗

不能与人有效沟通不一定是语言发育迟缓，但是语言发育迟缓往往都存在沟通能力差、交流能力差。良好的语言理解能力可以正确明白别人的意思，因此当语言组织能力异常时，可以考虑由于语言环境不良导致的词汇储备少，或对已掌握的知识难以在自然情景下泛化应用。与人沟通代表了人类非常重要的两个能力：一个是语言组织能力；另一个是社会交往能力。两者都是以良好的认知能力作为基础的，除此之外，还需要积累更多的词汇，理解语法的正确运用，关注周边环境，以及对他人语言的理解、适宜的适应行为及行为理解等。

社会交往能力落后主要可鉴别孤独症谱系障碍，孤独症谱系障碍儿童在表现为语言发育迟缓的同时还兼具叫名不应、目光不对视、眼神空洞，总是喜欢做一些稀奇古怪的事情，或是喜欢汽车的轮子等狭窄的兴趣爱好,这些都是典型的临床特征。除此之外,听力障碍、构音器官异常、脑瘫、发育性协调障碍等肌张力低下疾病均可以通过直接或间接影响语言的发育,通过对可能引起语言发育迟缓疾病的阐述而发现,这些疾病大多对儿童发育影响较大,甚至导致终身致残。因此,当儿童出现不能与人沟通时,应尽快前往专业的机构完善相关检查,尽早接受康复治疗,提高预后。

34. 语言发育迟缓的家长在家可以读哪些书

　　语言的学习需要不断互动来强化,但针对一些语言发育迟缓儿童,一种非常有效的方法常被家长忽略,那就是互动式阅读。儿童在学校的阅读时间基本保持稳定,而儿童在家的阅读时间则呈现下降趋势,这与儿童回家后接触更多电子娱乐设备有关。正常儿童采取默读或朗读的方式来进行阅读,足以完成词汇量的积累和锻炼表达能力。但对于语言发育迟缓的儿童,则需要强化阅读的互动性。在常规阅读的基础上,将朗读、讲解、讨论、表演等环节融入阅读当中,从而强化儿童的学习,进而促进儿童语言能力的发展。

　　选择合适的绘本对于儿童的语言发展和阅读兴趣非常重要。不同年龄段的儿童对绘本的需求和理解能力有所不同。对于较小的儿童,可以选择有简单图案和少量文字的绘本,帮助他们建立对图像的认知。而对于较大的儿童可以选择故事情节更复杂、文字更多的绘本,激发他们的想象力和阅读兴趣;关注绘本的内容和主题,绘本的内容应该与儿童的兴趣和经验相关。可以选择与宝贝喜欢的动物、游戏、家庭生活等相关的绘本,这样儿童更容易产生共鸣,并对阅读保持兴趣;在选择绘本时,可以尝试多样化的类型,如故事书、图画书、诗歌书等。这样可以丰富儿童的阅读体验,帮助他们开拓视野和培养不同的阅读技巧。

35. 感觉统合失调会影响宝宝语言发育吗

感觉统合失调是指外部的感觉刺激信号无法在宝宝的大脑神经系统进行有效的整合,从而使机体不能和谐地运作所形成的各种发育障碍。比如触觉刺激不足,会影响前期语言沟通,触觉防御的孩子大多排斥接触,减少和外界接触的机会,模仿能力也因此受到局限。他们通常爱哭、粘人、有暴力倾向,易遭到周围伙伴的排斥,引发社交互动障碍。

感觉统合对语言发展有着深远的影响,主要影响在于感知觉(视、听、触、味、嗅、本体等)的不协调,使大脑皮质的各个神经中枢无法和语言区的神经互动,导致语言发育迟缓及障碍。要解决这类问题,就需要我们用感觉统合训练来补救,通过感觉统合训练来打开各个神经能区的协调互动(图7)。从

图7 感觉统合训练

而使大脑皮质的功能更协调健全,以提高语言的逻辑组织推理能力,从而促进语言能力的发展。

通过本体感觉、前庭、触觉等全身运动训练将较强的感觉刺激有针对性、有计划地向儿童传输,前庭觉训练能够极大地增强儿童的前庭平衡能力,为儿童视听功能发育提供有利条件,触觉训练能够提升儿童的感觉灵敏度,强化训练能够为儿童左右脑均衡发育提供有利条件,从而增强其躯体、大脑、心理之间的联系,最终改善儿童的统合功能,实现躯体与大脑的相互协调,促进儿童语言发展。

36. 说话不清晰的原因有哪些

小朋友说话不清晰,可能是构音障碍。构音障碍是指由于神经病变,与言语有关的肌肉麻痹、收缩力减弱或运动不协调所致的言语障碍,强调呼吸、共鸣、发音和韵律方面的变化,从大脑到肌肉本身的病变都可引起言语症状。构音障碍的原因:①难产:小儿出生时,由于难产等原因造成小儿缺氧或脑损伤,使得大脑中负责语言的部分发育不良,结果造成小儿言语障碍。②中枢神经系统疾病:儿童 2 岁以内患中枢神经系统疾病,如脑炎、高热惊厥、病毒感染等,造成脑组织损伤,从而使小儿失去患病前原有的语言能力。听力异常也属于本病,婴幼儿期使用某些药物,如庆大霉素、利尿药等,可致小儿内耳中毒,听力下降,从而导致小儿言语障碍。③其他疾病:如发音器官畸形导致。

构音障碍分为:①器质性构音障碍:是由于构音器官的形态异常导致功能异常而出现的构音障碍。儿童常见的器质性构音问题,比如听力有问题、唇裂、腭裂、舌系带短等。②功能性构音障碍:是指错误、混淆的构音呈固定状态,但找不到病因,即构音器官无形态异常和听力正常。可能与言语的听觉接受、辨别、认知因素、获得构音动作技能的运动因素、语言发育的某些因素有关,大多可通过构音训练完全治愈。

37. 孩子会唱儿歌会背唐诗但是就不说话,是语言发育迟缓吗

婴幼儿时期儿童有较强的机械背诵能力,经过有意训练可以会唱儿歌、会背唐诗,但并不能理解儿歌和唐诗所表达的意思,随着认知能力的发育,儿童能掌握更多的儿歌、唐诗、三字经等。语言的显著特征之一就是交流,失去了交流意义的语言,如孤独症谱系障碍儿童的"重复语言""鹦鹉学舌"般语言,不是真正意义上的语言。不能达到语言发育的里程碑,就可以认定为语言发育迟缓。语言发育迟缓是指在语言发育期的儿童因各种原因所致在相应的时期内,不能与正常儿童同样用语言符号进行语言理解与表达。会唱儿歌会背唐诗但是就不说话,这种语言发育迟缓大多是良性的语言发育迟缓,一般预后较好。

特发性语言发育障碍临床上分为表达性语言障碍和感受性语言障碍两种,前者能理解语言但不能表达,后者对语言的理解和表达均受限制。孩子会唱儿歌会背诗说明构音器官功能正常,可以正常地发出声音,听觉系统功能正常,可以正常地接收外界声音。只是靠机械地记忆重复听到的内容,并不理解儿歌和唐诗所表达的意思,则孩子的语言理解能力可能存在障碍。孩子不说话说明语言表达功能出现障碍,无法用语言表达自己的想法和需求,符合语言发育迟缓的症状。如有需要,应尽早在专业医生的指导下开始语言康复治疗。

38. 孩子会仿说但不对话，算语言发育迟缓吗

7~9个月的孩子就有模仿叫"爸爸""妈妈"的能力，儿童语言的开始来自于仿说，也可以将仿说阶段看作是语言发育前阶段。孩子会仿说说明构音器官功能正常，可以正常地发出声音，听觉系统功能正常，可以正常地接收外界的声音，具备基本的语言发音条件。但是如果语言发育水平达不到语言发育的里程碑，应在语言发育迟缓的范畴内，建议康复治疗进行纠正。

除了语言前阶段的仿说，1.5岁以上的儿童依然以仿说为主，说明只是靠机械地记忆重复表达听到的内容，并不理解仿说的内容含义，就说明孩子的语言理解能力存在障碍，此阶段的康复治疗除了语言训练，还要进行认知能力的训练。儿童长时间存在的仿说，或仿说时目光无对视，或有其他社交方面的问题，一定要警惕孤独症谱系障碍这种严重的致残性疾病。孤独症的仿说没有交流的功能和意义。

39. 语言发育迟缓的危险因素有哪些

语言发育迟缓的危险因素包括：围生期因素（孕28周至出生7天）、婴幼儿期因素（0~3岁）、遗传性疾病、母亲不良妊娠史等情况，且多数病例往往是多种病因，相互转换，互为因果。

（1）围生期因素：胚胎期药物或毒物致畸、宫内感染、新生儿期重症感染、宫内营养不良、宫内外窒息、新生儿缺氧缺血性脑病、早产儿脑病、胆红素脑病或低出生体重。

（2）婴幼儿期因素：中枢神经系统外伤或感染、铅中毒或

环境感觉剥夺等。

（3）遗传性疾病：染色体病或基因病变，尤其是一些遗传代谢性疾病早期表现为全面性发育迟缓。

（4）母亲不良妊娠史：多胎、妊娠期高血压综合征、妊娠糖尿病、泌尿生殖系统感染、吸毒、吸烟、酗酒等。存在以上危险因素的宝宝，婴幼儿期定期体检时，应该着重留意其神经心理行为发育筛查水平。

40. 语言发育迟缓的危害有哪些

语言发育迟缓会对儿童的成长产生深远的影响。儿童如果不能有效地表达自己的想法和情感，将会对他们的学习、社交和情感稳定性产生负面影响，可能导致以下问题：

（1）学习能力受到限制：由于语言能力不足，儿童可能难以理解老师在课堂上的讲解，也难以向其他人提出问题。

（2）社交能力受限：儿童可能难以与同龄人沟通交流，因此可能会被孤立起来。

（3）情感调节困难：儿童可能难以有效表达自己的情感，从而无法得到关注和支持。

（4）行为问题：儿童可能会因为语言不流利或表达不清，从而产生情绪问题，例如情绪焦虑，继而导致行为问题的出现。

为了避免出现这些问题，需要及早评估筛查和干预治疗儿童的语言发育迟缓问题，可以帮助孩子提高语言能力，并避免持久的不良影响。在评估过程中，需要综合考虑语音、词汇、语法、听力和表达能力等方面，同时还需要考虑非语言因素和个体差异。对于发育迟缓的孩子，可以采用多种干预方案，包括语言治疗、家庭教育、心理治疗等，以取得更好的语言发展。

41. 孩子语言发育迟缓需要做哪些检查

针对语言发育迟缓儿童,一般需要做以下的检查:

（1）询问病史:医生会详细了解孩子的既往史,包括孩子的出生情况、早期发育里程碑的达成情况,以及任何与语言发育相关的疾病、手术或药物治疗的病史。

（2）体格检查:医生会进行全面的身体检查,包括观察孩子的面部表情、咀嚼和吞咽动作、听力和视觉反应等,以排除可能影响语言发育的器质性问题。

（3）听力评估:听力对语言发育至关重要,医生可能会建议进行听力评估,包括听力筛查、纯音听力测试和语音辨别测试等,以确定听力是否正常。

（4）语言评估:医生可能会使用标准化的语言评估工具来评估孩子的语言能力,包括词汇量、语法、句子理解和表达等方面。

（5）发育评估:医生可能还会进行综合的发育评估,包括认知能力、社交互动、智力水平和运动发育等方面的评估,以了解孩子的整体发育状况。

（6）神经影像学检查:对于存在严重语言发育延迟的孩子,医生可能会建议进行颅脑神经影像学检查,如颅脑 MRI 或 CT 检查,以排除结构性异常或脑组织损伤。

（7）遗传咨询:如果家族中存在其他人语言发育问题的情况,医生可能会建议进行遗传咨询和基因检测,以排除遗传性疾病的可能。

需要注意的是,具体的检查和评估可能因孩子的年龄、症状和病史等因素而有所不同。因此,建议在儿童康复科医生的指导下进行适当的检查和评估,以确定孩子语言发育问题的原因和制订个体化的治疗计划。

42. 家长沉默寡言与孩子语言发育迟缓有关吗

语言发育是儿童早期发展的重要方面,家庭环境在语言习得过程中扮演着至关重要的角色,家长的言语输入内容和交流方式对孩子的语言发展起着积极的影响,对孩子的词汇发展和语言表达能力具有重要作用。然而,如果家长本身沉默寡言,缺乏与孩子的有效交流,可能会对孩子的语言发育产生一定的影响。

首先,家长是孩子最主要的语言模型和交流对象。孩子在早期通过观察和模仿家长的语言行为来学习语言。如果家长缺乏言语输出,少与孩子进行交流,孩子接受到的语言刺激就会减少,从而影响到其语言习得的速度和质量。其次,家长丰富的言语输出可以帮助孩子扩展词汇量,理解和使用更多的单词及句子结构。但如果家长沉默寡言,孩子接触到的词汇量和语言表达的机会就会减少,可能导致孩子的词汇量较小或语言表达能力较弱。此外,也可能影响孩子的社交能力和语用能力的发展。语言不仅是交流思想和表达意思的工具,还涉及与他人的互动和社交交流。如果家长缺乏积极的交流,也会影响孩子与他人进行有效沟通的能力,致使影响其社交和语用能力的发展。

家长可以采用以下方法帮助孩子:①采取积极的措施创造丰富语言刺激的家庭环境,包括阅读故事书、唱歌、玩语言游戏等;②尽可能地鼓励孩子表达,积极倾听和回应孩子的言语,给予肯定和鼓励。

要特别说明的是,某些家长的沉默寡言,又被称为"孤独症特质",则子代中患有语言发育迟缓、孤独症谱系障碍的风险会增加。因此,具有这样"特质"的父母,要格外重视子代的发育情况,尤其是语言和社交发育情况。

43. 药物治疗能让语言发育迟缓的孩子恢复吗

一般而言,药物不能让语言发育迟缓儿童恢复至正常发育水平,药物不是治疗语言发育迟缓的主流方法。为人父母,孩子能够茁壮成长是所有家长的期待,但孩子在其成长过程中,总会出现一些不如人意的小插曲,影响其健康成长,如近年来,发生率呈现逐年上升趋势的语言发育迟缓。很多父母面对孩子语言发育迟缓,因爱之心切,迫切希望改善孩子语言功能,首先想到的便是能否通过某些药物进行治疗。而语言发育迟缓的原因有许多,包括先天性智力障碍、构音器官疾病、中枢神经系统疾病、孤独症及后天语言环境不良等(语言教育和语言环境的剥离)。

语言发育迟缓的具体治疗方案、恢复时间主要取决于病因。国际认可且有科学依据的语言发育迟缓治疗方法是经过专业认证的语言-言语治疗师,依据孩子全面的语言评估结果,对其给予专业的家长培训和康复治疗。对于儿童语言发育迟缓,家长应到专业医疗机构就诊,开展科学的评估,寻找具体病因,对症对因治疗,才能为孩子找到最科学、有效的治疗及康复方案。

44. 父母对孩子讲话少、关心不足,是造成其语言发育迟缓的主要原因吗

语言发育迟缓是指在发育过程中,孩子的语言发展落后于正常发育速度,没有达到与其年龄相应的水平。语言发育迟缓的病因大致分为两类:一类是先天性因素,包括智力发育

迟缓、构音器官异常、听力障碍、孤独症谱系障碍等疾病的影响；另一类就是后天性因素，主要是语言环境因素，语言教育和语言环境的剥夺。父母是孩子语言教育的主要引导者、语言环境的主要构造者。因此，父母对孩子讲话少、关心不足可能是导致孩子语言发育迟缓的主要原因之一。

想必很多家长都听过"狼孩"的故事，孩子离开相应的语言学习环境，错过语言发育的关键时期，长大后便不会说话，再教也很难学会。随着互联网的发展，很多年轻父母在休息时间大多手捧着手机，与孩子的交流减少，不能有效地引导孩子说话，渐渐地，孩子不爱表达，甚至不会讲话，长期如此，使得孩子没有在最佳时期获得丰富的语言刺激。孩子在成长过程需要父母的陪伴，在日常生活中家长可用生动有趣的语言与孩子进行互动和交流，促进孩子语言的发展，让孩子能通过语言表达内心的想法。若发现孩子已经出现了语言表达能力落后于同龄人的语言发育迟缓征兆，一定要及时带孩子去医院检查、治疗。

45. 听觉统合训练对语言发育迟缓儿童有效吗

听觉统合训练是将一组特别声音和音乐充分结合起来，将其作为一个整体的听力训练方法，将现代电子科技设备充分利用起来，对个体提供帮助，使其对周围环境具有反应性，在儿童自闭症、学习困难、语言发育迟缓等情况下极为适用。也就是说，通过良性刺激增加大脑细胞的连接，从而对大脑功能障碍进行改善，进而改善行为及统合功能，如改善社会行为及眼神接触、增加交往兴趣、增强听觉理解力、提高发音清晰度、提高学业表现，同时还能够促进儿童对声音敏感性的降低、冲动及注意力分散等异常行为的减少。

听觉统合训练的应用能够很好地改善儿童操作能力、口语能力、手指动作等,通过仪器刺激听觉,听觉反馈和信息的理解能够改善儿童语言能力和操作能力。听觉统合训练是一种特殊的感觉统合训练形式。所谓感觉统合,即是人与环境信息互动的过程。在听觉统合训练下,口语能力、操作能力、嘴唇动作、手指动作都会得到一定改善,听觉反馈和对听觉信息的理解使语言能力、操作能力的产生更加精确、稳定。另外,此系统还能利用音乐滤除过度敏感频率,减少儿童对听觉的歪曲,强化儿童中耳肌肉,促进声音的有效传达,矫正听觉系统对声音的处理,改善情绪和行为,从而改善儿童语言迟缓症状。

46. 语言发育迟缓的孩子做感觉统合训练有效果吗

感觉统合训练是指基于儿童的神经需要,引导儿童对感觉刺激作适当反应的训练,此训练提供前庭、本体感觉及触觉等刺激的全身运动,其目的不在于增强运动技能,而是改善脑处理感觉资讯与组织并构成感觉资讯的方法。感觉统合训练的关键是同时给予儿童前庭、肌肉、关节、皮肤的触摸、视、听、嗅等多种刺激,并将这些刺激与运动相结合。感觉统合训练涉及心理、大脑和身体三者之间的相互关系,而不只是一种生理上的功能训练,儿童在训练过程中获得熟练的感觉,增强自信心和自我控制的能力,并在指导下感觉到自己对躯体的控制,由原来焦虑的情绪变为愉快,在积极积累经验的基础上,敢于对意志想象进行挑战。

作为人类动作、行为的另一个基本的感觉是本体感觉,其是指身体各个部位的肌肉、肌腱、关节、韧带等来自自己身体的一种感觉,人体依靠这种感觉进行动作和行为调节,有目的地进行肌肉的收缩和松弛,由此所产生的自身状态和运动,都是来自自己身体刺激信息经感觉处理的结果,肌肉的收缩特别是对反抗阻力的收缩,是促进本体感觉信息输入中枢神经系统的重要方法。本体感不足的孩子,大脑对舌头、嘴唇、声带控制不灵活,容易造成语言障碍,如语言发育迟缓、发音不清、大舌头、口吃等。可以让儿童接受下列训练,如游泳、摔跤、拔河、爬绳、骑马,以及其他感觉输入类家庭小游戏,如小燕子飞、宇宙飞船转呀转、跳格子、推小车等(图8)。感觉输入类游戏对儿童语言发育有很大作用。

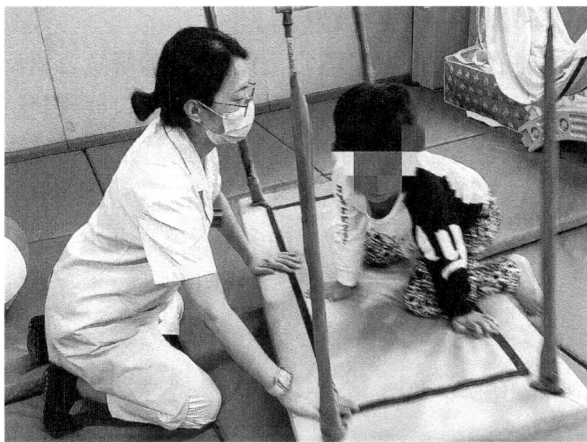

图8 宇宙飞船转呀转

47. 听觉障碍对儿童的语言发育有影响吗

听觉障碍对儿童的语言发育是有影响的。听觉障碍是指因听觉系统某一部位发生病变或损伤,导致听觉功能感测或理解声音能力的完全或部分降低,造成言语交往困难,也称听力障碍、聋、重听、听力损失。值得注意的是,聋未必哑,在我们的意识中常认为聋和哑是并存的,我们也常叫"聋人"为"聋哑人",其实这是不准确的。很多听觉障碍者的言语器官并没有异常,只是由于听觉的障碍致使其说话时出现发音不清等现象。听觉障碍者由于听觉系统不完善,导致他对于自己的发音也无法准确监听,他也不知道自己说的对不对,与人交往时别人也听不清他说的是什么,说话的积极性也就没有了。长此以往,最终导致了他不爱说话,表现出"哑"。

听觉发生障碍时,在无法接收语言刺激的情况下,要达成高度的语言发展是相当困难的。听觉障碍分为末梢性听觉障碍(听力损失)及中枢性听觉障碍。

听觉障碍儿童的发音器官虽然完好,但听觉言语反馈链不能通畅运行,致使发音器官僵化,构音器官功能退化,因而听觉障碍儿童发音情况与普通儿童相比总是存在一定的差异。听觉障碍儿童在发音方面主要存在三个方面的问题:音调异常、音强异常、音色异常。许多听觉障碍儿童口语能力发展缓慢,口语水平低,说话含糊不清,难以听懂。

48. 语言发育迟缓家庭的带养需要注意哪些事项

(1)家庭成员语种尽量保持单一:语言发育迟缓不单单是说话晚,通常孩子还伴随着理解事物难、说话常常使用个别字或词,以及与小朋友互动少等情况。而多种语言的家庭给予孩子的语言环境过于复杂,孩子在学习同一物品不同叫法的时候,需要更长的时间辨别、区分和记忆,因此孩子发生语言发育迟缓的概率更高。

(2)减少电子产品的使用:2岁以内尽量避免接触电子产品,电子产品的过早、过度暴露会减少抚养人与儿童的共处时间,影响互动交流,同时儿童在看屏幕的过程中,只是单方面接受电子产品的视听刺激,缺少自然情境下的语言交流,导致很少利用口语来表达需求。

(3)增加亲子交流时间:儿童的语言学习离不开语言互动环境,亲子交流对儿童语言发育有至关重要的作用。要多跟孩子说话,增加环境中的语言刺激,促进语言理解能力的发展,同时多给孩子创造表达的机会,家长可以把孩子喜欢的食物或者玩具放进透明的盒子里,或者暂停正在进行的玩具,激发孩子想要寻求帮助的欲望,鼓励孩子表达。

(4)积极参与同伴活动:多与同龄小朋友玩耍,对已经到入园年龄小朋友应尽可能上幼儿园,因为儿童之间的交流,对其语言发育可起积极作用。

父母作为孩子的第一任老师和终身教师,在孩子康复中扮演着无法替代的角色。一方面,需要父母配合专业康复机构制订的计划。另一方面,孩子大部分时间都是在家庭中度过,家长通过自己的言传身教与家庭生活实践将习得的内容进行泛化,可以巩固康复效果。

49. 语言发育迟缓与饮食习惯有什么关系

语言发育迟缓的发病与过度精细喂养也有一定的关系。很多父母为了让宝宝消化好,经常给宝宝准备辅食,如鸡蛋羹、蔬菜泥、营养米糊等。但如果喂养的过于精细,经常吃泥糊状的软烂的食物,或者饮食单一,咀嚼能力就得不到很好的锻炼,儿童在学习吐字发音的时候,发音与口腔肌肉、舌灵活性密切相关,长期过度精细喂养会影响发音清晰度,形成构音障碍。严重的构音障碍会影响语言交流的流畅性,甚至影响语言的发育。因此,建议通过科学、合理的喂养方式,锻炼儿童的咀嚼能力,提高吐字的清晰度,可以促进语言发育。

家长们可以循序渐进地给宝宝的辅食增加"难度",根据宝宝的年龄及牙齿发育情况,将糊状食物过渡到粥、面,再到包子馄饨之类的食物。婴幼儿添加辅食的时候应根据年龄提供种类丰富及不同质地的食材,加强对口腔的刺激,促进口腔肌肉和舌肌的发展;适龄使用勺、杯或吸管进食水,采用吹泡泡、气球、喇叭或模仿动物叫声可以促进口腔的协调运动。

50. 语言发育迟缓治疗后恢复到什么程度算正常

经过专业的康复训练后,家长可以带孩子做相应的语言评估来判断孩子目前的语言发育水平,如果达到0~6岁儿童语言发育的里程碑,即达到了同龄正常儿童的语言发育水平。

7~9个月:能模仿叫"爸爸""妈妈",听成人的指令能指出书上相应的东西。

1~1岁半:能听懂和理解一些话,能说出自己的名字,能用一两个字表达自己的意愿,能有意识地叫"爸爸""妈妈",能指出或命名熟悉的东西。

1岁半至2岁:能手口一致说出身体各部位的名称,能主动表示大小便的意愿,知道并运用自己的名字,会说3~4个字的短句。

2~3岁:熟悉主要交通工具及常见动物,能说出图画书中物品的名称,能听懂较多话,但不能说出来,能说出6~10个词的句子,能比较准确地使用"你""我""他"。

3~4岁:认识三角形、圆形、正方形,能说出红、黄、蓝三种颜色的名称,能用简短的话表达自己的愿望和要求,问越来越多的问题,如"是什么""为什么"等;能简单讲述看到和发生的事情,能记住家人的姓名、单位、电话和家庭住址等。

4~5 岁：理解 10 以内数的意义，能按照物体的颜色、形状等特征分类并进行有规律的排列，能独自看懂并说出简单图画的意思；能回答"谁""为什么""多少个"等问题，能说比较复杂的话，能比较清楚地表达自己的意愿。

5~6 岁：能接电话，并能正确地转告简短的口信，能边看图画边讲故事。

另外，还可以采用专业的、标准化的评估工具进行判定，如《儿童神经心理行为检查量表 2016 版》、Gesell 发育诊断量表等，这些标准化量表有对应的常模，可以判定是否达到了同龄儿童的平均水平，即正常发育水平。

51. 孩子咬合能力不好会影响语言发育吗

语言发育迟缓是指儿童在语言方面的发展相对滞后，儿童可能在语音、词汇、语法和交流能力等方面存在困难。一般情况下，语言发育迟缓可能表现以下一种或多种情况，包括语言发展的起步年龄较晚，语言发展的速度较慢，语义错误，语句不连贯，说话前后颠倒、混淆或省略等多种情况。一个完整的语言表达过程涉及听觉和信息的处理、声音理解、言语表达，最后通过口肌和气息的综合调控表现为"语言"。咬合能力不好的儿童，通常存在口周、舌部的小肌肉运动不灵活，会造成构音清晰度差的情况。

但判断孩子是否存在语言发育迟缓，必须结合其生理年龄，进行详细的检查与评估，对于学龄前的孩子，即使存在上述一些语言发育迟缓症状，父母也不要盲目认定孩子存在语言发育迟缓，最好带孩子到医院寻求专业医生的评估。如果确诊为语言发育迟缓，早期干预和康复治疗非常重要。通过与语言治疗师的合作，孩子可以接受专门的语言训练和治疗，以帮助他们克服语言发育的困难。语言治疗师会根据孩子的具体情况制订个性化的治疗计划,包括练习语音发音、词汇和语法技能,以及提高交流能力。

52. 5 岁孩子说话断断续续、语句不连贯,是语言发育迟缓吗

5 岁小孩说话断断续续、语句不连贯,是否是语言发育迟缓不能一概而论。语言发育迟缓需要经过严谨的评估和筛查才能确定。5 岁时孩子大脑神经中枢基本发育成熟,特别是与语言中枢相关的视觉中枢、听觉中枢、语言运动中枢、书写性中枢等,都得到了一定程度的发展。此时很多发音器官也已经发育成熟,甚至接近于成年人水平,基本所有的发音都能够达到清晰准确。5 岁的孩子通常都积累了大量的词汇,能够自由对话、表达想法和意愿,甚至对抽象性事物能够有简单的逻辑整理,并有一定的语言组织表达能力。但是,如果 5 岁的孩子没有达到以上标准,也不一定能说明就存在语言发育迟缓问题。孩子说话断断续续、语句不连贯,也分很多种情况:

(1)构音器官发育问题:儿童的发音器官功能很弱,比如口肌能力不够,需要通过咀嚼、吞咽协助锻炼。如果儿童缺乏这方面的锻炼,可能会因为构音器官运动不协调而导致说话慢。

(2)语言相关的脑区问题:有些脑区语言中枢发育异常,会导致儿童的主动表达意识比较弱,表达欲望不强,没有使用语言的动机,导致语言思维发展滞后。

(3)认知问题:儿童的认知理解能力比较弱,不理解相应的词语、句子到底是什么意思,自然也没有说话的欲望。所以,要结合具体情况进行分析,最好可以通过专业的评估和检查来进行判定,不能一概而论。

53. 是否落后于相应语言发育里程碑就一定存在疾病隐患

落后于相应语言发育里程碑不一定存在疾病隐患,但要予以重视,及时明确病因。儿童"落后于相应语言发育里程碑",也就是我们常说的语言发育迟缓,这需要进行综合评价,首先要排除这几大问题。①进行听力筛查,排除是否有听力受损的问题,是否"因聋致哑",若儿童听力出现问题,无法完成语音输入的过程,便会造成语言发育落后。②确认儿童是否有构音器官的异常,如以脑瘫为例的构音运动异常、以唇腭裂为例的构音器官异常。③排除是否患有孤独症谱系障碍,也就是我们常说的孤独症,在这类群体中,25%~35% 的儿童只发展出极少的语言,并常伴有语音、语调等语言发育迟缓问题。④还有一些是由于环境因素引起的,比如父母长时间看手机与儿童互动少,突然更换带养人,家庭中存在方言、普通话、英语等多种语言,也容易导致儿童语言发育迟缓。

排除以上相关问题后,有些宝宝虽然两岁了不会说话,但是理解能力没问题,眼神、互动佳的话,存在疾病隐患概率很小。如果儿童出现了语言发育落后的现象,家长应重视并尽早干预,抓住儿童语言发育黄金时期。不要抱着"贵人语迟""有的孩子就是说话晚,再等一等"这样的心态,应及时带孩子去专业的医疗机构,明确病因,及早开始进行康复训练。

54. 3 岁孩子总是重复问同样的问题,是语言发育迟缓吗

3 岁孩子总是重复问同样的问题并不一定意味着他们的语言发育迟缓。在儿童语言发展的早期阶段,重复问同样的

问题是非常正常的行为。这其实是孩子在语言学习过程中的一个重要里程碑,被称为"回环问题阶段"。回环问题阶段通常发生在 3~4 岁左右,此时孩子正处于语言表达和沟通能力的快速发展阶段。他们开始掌握和使用越来越多的词汇和语法规则,但在表达自己的想法时还存在一些限制。于是,为了加深自己对特定问题的理解或寻求更多的关注,孩子会不断重复问同样的问题。

这种行为实际上是孩子试图通过反复提问来加深思考和理解。他们可能会问同样的问题,直到对问题的答案感到满意或对话中引发了新的想法。这对于孩子的语言和认知发展来说是一个正常且积极的过程。然而,如果孩子在其他方面也表现出语言发育的延迟迹象,例如表达能力有明显不足、词汇量低于同龄儿童、理解能力较弱等,那可能需要进行专业评估,以确定是否存在语言发育迟缓的问题。作为家长,可以通过鼓励孩子说话,给予孩子表达自己想法和感受的时间及机会,尽量避免打断他们的发言。同时积极回应他们,以增强他们的表达能力。多与孩子进行互动对话,阅读绘本、讲故事、唱歌、玩游戏等都是培养孩子语言能力的有效方法。通过游戏、角色扮演等方式,创造愉快和有趣的学习场景激发孩子的好奇心和探索欲望,可提高他们对语言学习的兴趣。

55. 语言发育迟缓和全面发育迟缓有什么区别

语言发育迟缓是指儿童仅有语言理解能力和表达能力未达到与其相应年龄应有的标准,其他能力尤其是认知、社交能力并不低于同龄儿童的平均水平。全面发育迟缓是指 5 岁以下儿童在大运动、精细运动、语言、认知、社交和社会适应能力等发育维度中,存在 2 个或 2 个以上发育维度的明显落后。

全面性发育迟缓的诊断需要使用标准化诊断性发育量表进行测试,常用的诊断性测验发育量表有 Gesell 发育诊断量表和《儿童神经心理行为检查量表 2016 版》。当 5 个能区中存在 2 个或 2 个以上发育维度的发育商 <75 或 70 时,表明儿童患有全面发育迟缓。

56. 为什么中西医结合可以治疗儿童语言发育迟缓

中医康复是我国特有的康复方式,中医康复是在中医基础理论的指导下,采用中药、针灸、推拿、拔罐、刮痧和传统功法等中医技术,改善和预防病、伤、残者的身心功能障碍,提高其生存质量的康复疗法。中医康复拥有整体康复和辨证康复的理念,临床通过辨证分析,确定康复目标和康复方案,在康复治疗中既重视整体协调,又重视个体差异,对每一个康复的儿童采用不同的中医康复技术。

中医康复在儿童康复领域中应用广泛,疗效确切,具有"简、便、廉、效"的特点。其中语言发育迟缓即"语迟"在中医书籍中有很多记载,通过对每一个儿童的辨证分析,通过个性化的中医康复技术对儿童进行治疗,例如益智健脑推拿法即通过针对性的推拿手法,直接运用在儿童身上,帮助其疏通气血经络、调节五脏六腑、调畅任督二脉,从而达到健脑益智的作用。采用头针疗法刺激头部穴位达到通经活络、醒脑开窍的作用,同时配合其他治疗方法促进言语发育。现代康复医学以研究病、伤、残者的预防、评定、治疗为主要任务,以改善躯体功能、提高生活自理能力、改善生活质量为目的,因此将中医康复技术与现代康复医学相结合,以整体康复、辨证康复理念,综合康复方法共同干预,最大程度减轻功能障碍,从而达到改善语言、认知、理解、社交的目的,可帮助孩子重返社会。

57. 中医是如何看待儿童语言发育迟缓的

语言发育迟缓,主要属于中医"五迟"中的"语迟"范畴。古籍中有很多关于语迟的记载。根据历代医籍的记载,其病因病机与先天因素、后天因素、脑和五脏功能等密切相关。

(1)先天因素:由于父母精血虚损,禀赋不足,或母孕时患病、精神、起居、饮食、用药不当等不利因素损伤胎儿,或早产、难产,生子多弱,先天精气未充,髓脑未满,脏气虚弱,筋骨肌肉失养而成。

(2)后天因素:由于分娩时难产、产伤,颅内出血,或胎盘早剥、窒息缺氧,或小儿生后,护理不当,平素喂养不当,或体弱多病,或大病之后失于调养,以致脾胃亏损,气血虚弱,筋骨肌肉失于滋养所致。

(3)脑和五脏功能:脑为"元神之府","脑为髓海",肾生骨髓,心藏神,开窍于舌,言为心声,脾为后天之本,肺主气,司呼吸,若心气不足,肾精不充,髓海不足,后天失养,则语言发育迟缓。

58. 儿童语言发育迟缓的中医治疗方法有哪些

中医特色治疗在儿童康复中的应用非常广泛,效果良好,容易被家长和孩子接受,下面介绍一些常用的中医治疗方法。

(1)中药:临床通过辨证论治,配合中药内服或进行中药熏洗、穴位贴敷等,从而达到滋补肝肾、健脾益气、开窍益智、扶正祛邪等功效。例如将中药贴敷在中脘、神阙、肾俞、涌泉、关元、气海等穴位,进而达到健脾益气、开窍益智的作用。

（2）针灸:针灸是以经络腧穴理论为基础,依据小儿的生理病理特点,通过临床辨证分析采用不同的针刺方法。相关研究表明,针灸能反射性地调节脑部血流量,改善脑部血液供应,促进脑细胞代谢,从而促进孩子的认知理解能力,提高语言发育。例如通过针刺语言一区、二区、三区、四神聪、百会等穴位,达到促进儿童认知语言发育的作用。

（3）耳穴:是指用磁珠、光滑的小粒药物种子或药丸贴压刺激耳穴,以达到治疗疾病的目的。例如通过刺激心、肾、脾、肝、脑点、神门、口、舌等耳穴,达到益肝肾、调神志的作用。

（4）推拿:是以中医基础理论为指导,根据小儿的生理、病理及生长发育特点,运用各种推拿手法作用于小儿身体一定部位或特定穴位上。临床常选取健脑益智的按摩手法,通过对特定部位的按摩,达到疏通气血、调节脏腑的作用。例如通过开天门、推坎宫、揉太阳、拿五经、推补肾经等手法,达到疏通气血、调节脏腑的作用。

59. 什么是全面性发育迟缓

全面发育迟缓是指儿童在粗大运动、精细动作、认知能力、语言、交流、社会适应能力和日常生活能力等方面,存在2种或2种以上发育迟缓的神经发育障碍性疾病。全面发育迟缓一般是指年龄小于5岁的儿童,5岁以上的全面发育迟缓儿童大多转归为智力障碍、孤独症谱系障碍等疾病,仅有少部分全面发育迟缓儿童,经过康复治疗能达到同龄儿童发育水平。

全面发育迟缓的病因:①遗传因素:目前已经明确的病因有基因异常、染色体异常、先天颅脑畸形等;②围产期(怀孕28周至出生7天)有害因素:如母亲孕期感染、药物、毒物、妊娠期疾病、新生儿疾病等;③出生后不良因素:大脑发育成熟之前影响大脑发育的疾病及早期文化教育缺失均可能影响。儿童的发育是一个动态变化的过程,除了遗传基因异常这样的先天因素,后天的因素往往也占了很大部分。在早期成长发育阶段,家庭、同伴、文化氛围等进行互动而影响身心变化的环境因素,也会导致孩子在发育程度上出现差异。

60. 语言发育迟缓可能进展成全面发育迟缓吗

语言发育迟缓是指婴幼儿语言发育水平没有达到相应年龄段应有的水平;全面发育迟缓是指婴幼儿运动、语言、认知中有 2 项或 2 项以上标志性发育指标没有达到相应年龄段应有的水平。由于全面发育迟缓的早期症状最容易发现的就是语言发育迟缓,也是家长带孩子就诊的主要原因。因此发现语言发育迟缓,一定要积极就诊,排除全面发育迟缓等影响较大的发育障碍性疾病,两者康复治疗的目标和方法也有本质上的区别。

如果孩子存在语言发育迟缓,就诊经过问诊、体格检查、标准化量表评估,发现同时合并粗大运动/精细动作、认知能力、社会适应能力、日常生活能力等 2 项或 2 项以上标志性的发育指标/里程碑落后,即考虑为全面发育迟缓。语言发育迟缓和全面发育迟缓均是暂时性的、过渡性、症状描述性诊断,仅适用于 5 岁以下儿童,尤其是婴幼儿,如病情有进一步发展或明确进一步检查存在其他方面的问题将不再诊断为语言发育迟缓和全面发育迟缓。

61. 全面发育迟缓儿童的语言发育迟缓有什么特点

全面发育迟缓儿童的语言发育迟缓主要体现在两个方面:一个是开口晚,即发声延迟;另一个是特殊性损害,即语言技巧的缺失,开口说话及语言发育延迟,一般病因明显,听力正常,无显著情绪问题,无明显的神经功能缺陷。

(1)语言发育迟缓常是全面发育迟缓最早,也是最容易发现的临床表现。语言发育迟缓的孩子表现出年龄与语言发育水平不相符的特征,通常情况下,儿童在2~3岁时可以组成简单的句子,表达自己的需求和情感,如果孩子在这个年龄段只能说出单词或短语,这可能是一个语言发育迟缓或全面发育迟缓的信号。

(2)全面发育迟缓提示儿童在运动、语言、认知能力等整体发育水平上落后于同龄正常儿童,同时语言发育水平受认知发育水平影响较大。与单纯的语言发育迟缓儿童相比,不会出现认知理解能力尚可就是不会说话,这种认知和语言发育出现了解离的情况。

(3)说话不清或发音错误通常也是语言发育迟缓的一个典型特征,通常孩子在5岁之前,能够完成大部分清晰的音节,如果孩子的发音错误持续存在,这可能表明语音发展方面存在问题。

(4)语言发育迟缓的孩子通常会出现词汇量少的问题,难以理解与同伴的语言和完成对话,影响孩子的社交能力。

(5)语法错误也是语言发育迟缓孩子的一个常见问题,经常混淆动词、副词的表达形式。

(6)沟通障碍是语言发育迟缓孩子社交问题最明显的特征,表现为语言词汇理解困难,难以用语言表达自己的态度和情感,影响与他人的交流能力。

62. 1岁全面性发育迟缓孩子的语言发育迟缓家庭治疗如何做

1岁的宝宝在发育上已经具备一定的能力基础,这个阶段的宝宝能够开始扶着家具行走,会拾起东西再扔掉,也会有意识地叫"爸爸""妈妈",模仿一些简单的词汇,执行简单的指令。在语言方面,全面发育迟缓的孩子的口语模仿能力较差,表达的词汇较少,所以,要注意提高孩子的语前技巧。

首先,要提升宝宝的沟通动机。在家里,可以通过吹泡泡来吸引宝宝的注意,每一次泡泡消失后,教宝宝提出"想要泡泡"的要求,可以做出拧瓶子的动作、做出吹泡泡的嘴型,或是说出"我要"。

其次,要注意促进宝宝的呼名反应。在家庭里,当家长叫宝宝的名字时,在同一时间拿起宝宝喜欢的食物放在我们的眼鼻三角区附近,当宝宝去寻找食物时,他会看向我们的眼睛,这时候应该立即夸奖宝宝,同时将食物给宝宝,达到强化的效果。同时,要培养宝宝的安坐能力。在家庭里,可以在桌面上放置宝宝感兴趣的东西来吸引宝宝的注意力。当宝宝想要拿这个兴趣物的时候,我们发出指令或者手势引导宝宝"坐好",如果宝宝不理解,可以在每次发出令的同时,辅助宝宝坐下。同样地,当宝宝坐下时,马上把兴趣物放在宝宝面前的桌面上,强化效果。

同时,要注意培养宝宝的模仿能力。在家里,家长可以从动作开始培养宝宝的模仿能力。比如,与宝宝面对面坐下,播放宝宝喜欢的儿歌,跟随音乐做出律动,引导模仿我们的动作。当然,宝宝的等待意识和配对能力也较差。我们可以和宝宝一起玩配对板,先配对一个物品,然后告诉宝宝"轮到你了",等宝宝也完成一次配对之后,告诉宝宝"轮到我了",在这样的游戏中,宝宝可以理解轮流的规则,也会有意识地等待,更重要的是,宝宝学会了配对的能力,这些都是语言理解和表达的基础。

63. 2~3岁全面性发育迟缓孩子的语言发育迟缓家庭治疗如何做

2岁儿童应该能讲3~4字左右小短句,能表达部分常见名词,理解物品用途等。两岁半的孩子应该能讲5~7字左右小短句,能理解大部分常见生活指令,能把物品进行简单分类如把玩具和吃的东西分开,可以说出图画书中物品的名称,喜欢模仿生活中经历过的活动,如喂娃娃吃饭、喜欢和其他小朋友一起玩等。当发现孩子语言水平落后,我们可以这么做:

(1)提高孩子的语言理解能力。从日常生活中常见的物品入手,教会孩子理解常见名词及动作词,例如可以拿两样物品让孩子进行二选一的选词训练。同时教导一些经常用到的动作词,例如"打开""喝""走"等(图9)。

(2)提高孩子的语言表达能力。如果孩子还没有有意义的口语,教导他开始仿说单字及叠词,如果已经能说一些简单叠词,可以多让他命名已经习得的名词和动词,同时可以尝试把动名词及人称词组合起来形成一些简单的电报句或小短句。多跟孩子沟通交流,鼓励他把自己的需求用口语表达出来。例如当小孩想喝水时,可以假装不明白问他"你想要干嘛呀?",帮助他说出"我要喝水"。当孩子注意到天上有飞机飞过时问他"飞机在?",帮助他说出"飞机在飞"。

(3)开始教导一些常见的基本认知概念,例如大小的比较概念,以及颜色、形状等概念。教导方法应遵循四步骤基本原则,即配对、选择、表达、泛化。我们拿颜色教学举例,首先孩子

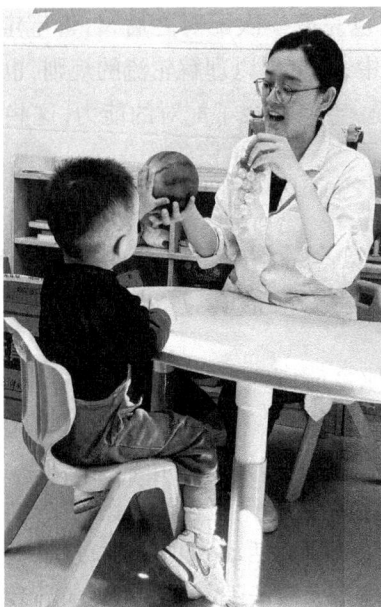

图9　二选一选词训练

知道把一样颜色的东西放在一起,这叫颜色的配对。当习得配对后才能进行下一步选择,也就是颜色概念的理解,孩子可以不会表达"红色",但是当我们拿出红色和其他任意颜色两个物品,问他哪个是红色时,他可以选择正确。理解后进入表达阶段,可以拿出一些红色物品问他是什么颜色,孩子能正确回答出红色。接下来就可以进行最后一步,把习得的红色泛化到生活当中,即生活中所有的红色物品都能命名并正确运用。

64. 全面发育迟缓可能进展成孤独症谱系障碍吗

孤独症谱系障碍是一组以社会交往障碍、言语和非言语交流障碍、兴趣狭窄、刻板行为为主要特征的神经发育障碍性疾病。全面发育迟缓是指婴幼儿运动、语言、认知中有 2 项或 2 项以上标志性发育指标/里程碑(如坐、站、走、语言等)没有达到相应年龄段应有的水平。孤独症谱系障碍是全面发育迟缓的一个特殊类型。

全面发育迟缓是一个暂时性、过渡性、症状描述性诊断,临床上具有暂时性、预后不确定性的特征,少数全面发育迟缓儿童经过积极干预治疗可发育成正常儿童,大多数则预后不佳。孤独症谱系障碍早期可能表现为全面发育迟缓,全面发育迟缓与孤独症谱系障碍常常共同存在。孤独症谱系障碍在婴幼儿早期表现为全面发育迟缓,尤其是显著的语言发育迟缓,部分儿童在 1.5~2.5 岁出现重复刻板行为和兴趣狭窄等特殊行为,逐步转归为孤独症谱系障碍儿童。

65. 什么是孤独症谱系障碍

孤独症谱系障碍又称孤独症。近些年来,被确诊为孤独症的孩子显著增加,但社会大众对孤独症群体的认识存在较大误区。孤独症有哪些表现呢?

首先,多数孤独症孩子对身边的人和事表现的比较淡漠,比如不喜和其他人一起玩耍、互动,与其交流时没有肢体触碰及目光对视;其次,部分孤独症的孩子比正常孩子说话晚,有些孤独症孩子甚至从不说话,也不会尝试通过手语、写字等方式去交流,他们似乎并不在乎能否交流;最后,孤独症孩子日常生活规律,可能存在较严重的刻板行为,如按特定顺序吃东西、每次沿同一路线从 A 处到 B 处、总喜欢穿一样的衣服等,如果打乱这些规律会使孩子非常抵触。若孩子出现上述表现,家长应带其到专业医疗机构就诊,以便早诊断、早发现、早干预,尽可能改善孩子症状,增强其自理能力和社会功能。

66. 语言发育迟缓可能演变成孤独症谱系障碍吗

语言发育迟缓常在 1.5 岁即可得到关注,甚至诊断。语言发育迟缓是孤独症谱系障碍儿童早期发展过程比较常见的临床表现。由于孤独症谱系障碍的患病率高,因此婴幼儿早期发现的语言发育迟缓,一定要进行孤独症谱系障碍的筛查。1~1.5 岁语言发育迟缓的儿童,如果伴有呼名不应、目光对视差、不能完成简单指令等,疑似孤独症谱系障碍,或称之为孤独症高危儿,这时的儿童既要进行孤独症筛查,也建议同时进行早期干预治疗,尽可能降低异常发育带来的不良影响。

大多数孤独症谱系障碍儿童在婴幼儿时期都会表现出语言发育迟缓,有 1/3 的孤独症谱系障碍儿童还会出现语言发育倒退、发育倒退等异常发育,因此语言发育迟缓儿童一定要进行孤独症谱系障碍的筛查和诊断,按照《0~6 岁儿童孤独症筛查干预服务规范(试行)》的要求,第一次不能诊断的孤独症高危儿,2~3 个月后要进行第二次诊断,在此期间要求早期康复治疗尽早介入。值得一提的是,随着对孤独症谱系障碍的认识加深,有很多有语言甚至语言完全正常的儿童被诊断为孤独症谱系障碍,孤独症谱系障碍儿童的核心症状是社交障碍、刻板行为和兴趣狭窄,语言发育迟缓或语言障碍不是诊断孤独症谱系障碍的必备条件。

67. 孩子不和小朋友玩,就是孤独症吗

在公园里、幼儿园里,总有些孩子看起来有点沉默寡言,比起和小朋友一起玩耍,他们更喜欢独处。这些孩子,

常常成为家长、老师眼里的"问题孩子",甚至会被怀疑是孤独症儿童。其实,在临床上对孤独症是有明确的定义的。孤独症谱系障碍又称自闭症,是由一种或多种原因导致的有生物学基础的神经发展性障碍,起病于婴幼儿时期,主要表现为两大类核心症状,即社会交往障碍(包括/不包括语言障碍)、兴趣狭窄和刻板重复的行为方式。并且,孤独症的筛查和确诊,都需要由专业的医生经过检查才能进行综合性的判断。

作为家长,我们需要积极关注孩子,理解孩子内心的感受,对于比较内向的孩子,他们在进入一个新的集体中的时候,常要经过较长时间的观察和适应。这时候,比起强制孩子融入集体,家长更应该接纳孩子的害羞和胆怯,给孩子多一些时间去适应环境,同时,家长可以陪伴孩子去接触其他小朋友,比如打招呼、握手、分享玩具等,慢慢鼓励孩子去熟悉集体环境。在家庭里,家长可以和孩子一起玩"角色扮演"的游戏。"角色扮演"游戏类似于一种社交行为的"热身",家长可以和孩子互相扮演不同的角色,引导孩子学会交朋友。在游戏中,我们可以假装和孩子是第一次见面,引导孩子打招呼、握手拥抱、询问新朋友的名字等。在这个过程中,孩子能够逐渐熟悉和他人交往的规则,适应社交的场景,是一个比较好的练习方式。

68. 孤独症谱系障碍的小朋友挑食怎么办

孤独症谱系障碍儿童出现喂养困难的可能性是正常儿童的 5 倍,其中挑食是孤独症患儿最常见的喂养问题。挑食指儿童不愿意尝试新食物,或者对食物种类有特殊的偏好,对自己不喜欢的食物一概拒绝,或者对食物的制作有特殊的要求,以至进食量小或者进食食物种类单一。那为什么孤独症儿童挑食严重呢？主要是由于孤独症儿童感觉统合能力的失调，而进食过程是需要多感觉参与的，尤其是味觉、嗅觉、触觉等；其次是不同程度的胃肠道问题，如消化不良、便秘等；最后就是食物过敏或者食物不耐受导致的饮食选择单一。那如果碰到了挑食问题该怎么办呢？

首先要确认需要改善的食物，家长可以根据对孩子的了解将食物进行分类，比如最爱的食物、能接受但不主动吃的健康食物、拒绝的健康食物、喜爱的不健康食物等。一般来说，家长可以从能接受但不主动吃的健康食物着手，再尝试改善孩子对拒绝健康食物的偏食行为。然后是脱敏治疗，通过营造促食的心理环境，调整食物的质地，使食物性状改变，或者融合孩子喜欢的食物，例如孩子不喜欢吃蔬菜，可以通过包饺子的方式让蔬菜和肉结合，反复多次后帮助孩子矫正挑食的情况。最后就是要减少零食的摄入，因为其不健康的成分会影响孩子食欲和身体健康。

69. 孩子不与人对视是孤独症吗

与人对视是社会交往能力的一种体现，与人对视是婴幼儿与人交流时的一种自发表现，但婴幼儿还不能像年长儿或成人一样，能主动回避眼神对视。不跟人对视提示可能存在社会交往能力障碍，12 个月大的儿童如果不能与人对视，应做孤独症谱系障碍的筛查。若儿童不与人对视还伴随语言理解能力异常、语言表达能力异常等语言沟通障碍，我们称之为孤独症高危儿，患有孤独症谱系障碍的风险大大增加。建议到专业的康复机构做相应的评估，判定是否患有孤独症谱系障碍，同时建议进行早期干预治疗，1.5 岁以内的孤独症高危儿应在康复医师、康复治疗师的指导下以家庭治疗为主。

孤独症儿童通常伴随认知能力发育迟缓,孩子还认识不到某个事件或者某个东西,因此不感兴趣,自然就不会有回应,眼神也不会有交流。所以要先提高孩子的认知能力,他才会慢慢输出需求,这个时候眼神也会予以回应,才能慢慢提高孩子的社会适应能力。孩子如果长时间不在父母身边或者初次接触陌生人的时候,出现眼神不对视也是正常现象,与孩子对陌生事物不熟悉有关,会随着逐渐的适应或者家长的陪伴等会缓解。值得注意的是,孩子不与人对视首先要排除眼科疾病,尤其是早产儿、极早产儿。

70. 1岁孤独症谱系障碍孩子的语言发育迟缓家庭治疗如何做

1岁的孤独症孩子主要表现为没有目光交流、回避接触、不能或很少被逗乐、没有期待被抱起的姿势、缺少社交性微笑、对自己的名字没有反应、不观察和模仿他人简单动作,如再见、点头、摇头等。1岁孤独症孩子应重视模仿能力、肢体语言、目光对视、共同注意等方面的训练。

(1)训练目光接触、注意他人动作:目光接触是将孩子喜爱的物品放在孩子面前,对他说"看我",得到孩子的注视,双方对视后称赞他"真棒",及时予以强化。

(2)训练呼名反应:与孩子讲话前,应先叫孩子的名字,等他注意到你并作出反应时,再开始对话。可反复给予呼唤、拍手、拉手等辅助,当孩子回应,及时给予强化鼓励。

(3)模仿能力训练:简易的大肌肉动作的模仿能力,几乎是一切学习的基础,通过模仿学习可以促进儿童对外界的认知发展,有助于日后的语言训练。在模仿的过程中可采用多感官结合的方法,可同时结合音乐训练、感觉统合训练,让孩子模仿我们拍手、跺脚、叉腰、挤眼等动作,一边做一个动作,一边让孩子跟着做。当反应正确时,应及时鼓励并给予强化;当反应错误时,重新指令,给予辅助,并进行弱强化(图10)。

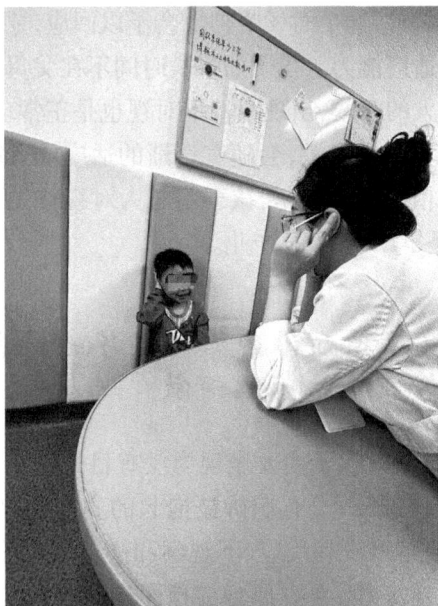

图10 模仿训练

(4)发音训练:待孩子具有动作模仿能力可让其模仿嘴部动作,如嘟嘴、吹气、伸缩舌头,可模仿简单的音节,如 a、ba、ma、pu 等,可使用相关的玩具、卡片等孩子感兴趣的物品作为语言模仿训练材料以提高孩子模仿动机。孩子有时会蹦出一些自己的音,或是不经意时仿说出一些字,这时我们也可以及时地模仿孩子的音反馈给他,引起他的注意力,然后我们再及时发音,刺激孩子发出更多音节。

在干预时仍然要根据儿童评估结果制订有针对性及个性化的方案,建议每3~6个月进行一次康复评估,以检验干预效果及进一步调整干预计划。

71. 2~3岁孤独症谱系障碍孩子的语言发育迟缓家庭治疗如何做

　　2~3岁是儿童学习和语言发展的关键期,也是孩子学习口语的最佳年龄。这时期孩子的语言发展特别迅速,说话的积极性提高,但说的话仍然以简单句为主,句子也基本符合语法,会用口语与人进行一般交往,还会唱上几句儿歌,说话的内容较2岁前丰富,已经掌握了与生活有关的基本的词汇、词类和句型。

　　但2~3岁孤独症谱系障碍小孩在此阶段可能会因其疾病障碍导致他们无法达到以上所诉的正常语言水平,因此为了抓住语言的发展关键期,孩子在寻求康复治疗干预的同时也要注重家庭治疗,以下是一些家庭治疗的建议:

　　(1)提供丰富的语言环境:家长可以在日常生活中多与孩子交流,鼓励孩子听音乐、故事、儿歌等,以刺激孩子的语言能力。同时,多描述日常活动和周围环境,帮助孩子理解语言和物品的概念。

　　(2)建立视觉辅助工具:此阶段的孤独症谱系障碍的孩子对环境的变化会有一定的好奇心及敏感性,家长可以利用他们对视觉信息的敏感性,制作一些视觉辅助工具,如图片、标签、照片等,帮助孩子理解和学习语言。

　　(3)建立正面强化机制:当孩子从声音、单字、叠词等成功进步或过渡至下一阶段时,家长要及时给予正面反馈和奖励,以增强孩子使用语言的积极性,注意不能要求孩子过多的重复。

　　(4)逐渐提高语言难度:家长可以根据孩子的语言水平,逐渐增加语言的难度,如从简单的单词到词组,再到完整的句子。同时,家长可以继续引导孩子进行模仿学习,以促进其语言能力的进一步提高。

（5）参与社交互动：家长可以创造更多的机会与孩子参加亲子活动，在游戏活动中教授基础的社交规则，如轮流、分享和等待等，也可以通过角色扮演游戏等鼓励孩子与其他同龄孩子一起玩耍，让他们理解社交规则并实践。

（6）减少电子产品的使用：家长应该控制电子产品的使用时间，例如每次不能超过 30 分钟；也需要建立家庭规则，例如吃饭时不能使用电子产品等；家长应该成为孩子的榜样，减少自己在孩子面前使用电子产品的时间；家长可以引导孩子进行其他替代活动，例如游戏、阅读或户外活动。

72. 如何评估孤独症谱系障碍及语言发育迟缓的治疗效果

孤独症谱系障碍是一组以社会沟通和互动障碍、狭隘兴趣和重复刻板行为为核心症状的神经发育障碍性疾病。语言障碍虽然不是孤独症诊断的必备条件，但是孤独症最常见的首诊原因之一。语言评估是孤独症诊疗过程中重要的组成部分。因此，把握孤独症儿童语言评估的主要内容，通过适宜方法进行细致的个体化评估，对早期诊断、个体化干预及改善预后具有重要意义。

常用的语言评估方法包括标准化评估和非标准化评估。标准化评估常借助标准化评估工具进行。标准化评估工具是指有可靠的常模、良好的信效度和详细的测验流程的一组工具，是目前临床最广泛应用的形式。常用的量表有儿童语言发育迟缓评价法、Gesell 发育诊断量表、格里菲斯发育诊断量表等标准化评估量表。非标准化评估是指编制和使用不遵循严格的标准化程序的一类方法，常见的非标准化评估方式有照顾者访谈、问卷、环境观察、语言样本分析等。非标准化评估虽然无常模和参考标准,但其灵活性较强,可根据儿童的个人差异,观察各种环境中儿童的语言能力,是标准化评估的重要补充。

语言评估在孤独症儿童诊疗中占据重要地位,评估可按照需求分阶段进行,全面个体化,尽可能提供完整的儿童语言信息。标准化评估客观、可靠性强、结果可量化;非标准化评估灵活、自然,更注重儿童个别特征;两者相辅相成,将两者结合是最适宜的评估方式。

73. 智商测试分数很低,说明孤独症病情很严重吗

在评估孤独症孩子的病情程度时,仅仅依靠智商测试分数是不够的。孤独症是一种复杂的神经发育障碍类疾病,涉及多个方面的功能和行为特征。以下是一些需要考虑的因素:

(1)社交与互动:孤独症孩子在社交能力方面通常存在缺陷。他们很难与他人建立联系、分享兴趣、理解他人的情感等。这一方面可能会更直接地反映孩子的孤独症程度。

(2)语言表达:言语和非言语表达是孤独症孩子关注的另一个方面。一些孤独症孩子可能在语言发展方面遇到困难,而其他一些孩子可能没有语言障碍,但在理解和运用语言上可能表现出特殊的模式。

(3)行为特征:孤独症孩子可能有刻板重复的行为、狭窄的兴趣爱好和感官敏感性等特征。这些行为特征也可以提供有关孩子孤独症程度的信息。

(4)功能水平:评估孤独症孩子的功能水平需要考虑他们在日常生活中独立执行任务的能力。例如,自理能力、学习能力和适应性行为等。

智商测试可以提供有关孩子认知能力的一些信息,但不能全面反映孤独症的程度和特征。专业的医生、心理学家和治疗师会综合考虑各种评估和观察结果,以确定孩子孤独症的程度和制订个性化的干预计划。

重要的是,每个孤独症孩子都是独特的,他们的能力和需求各不相同。家长应该与专业人员紧密合作,获取恰当的评估和建议,以便为孩子提供最适合的支持和干预。

74. 孩子被诊断为孤独症需要干预,家长是否需要全职照顾

当孩子被诊断为孤独症时,家长需要根据自身的情况和需求来决定是否全职照顾。以下是一些可以考虑的因素:

(1)家庭经济状况:孤独症康复需要早期、长程、高强度治疗,需要医保、残联康复补贴的政策性支持。辞职可能会对家庭的经济状况产生影响,也会给家长带来沉重的心理负担。

(2)工作灵活性:有些工作可能具有更灵活的工作时间和工作安排,使得家长能够更好地平衡工作和照顾孩子的责任。家长可以与雇主探讨是否有可能获得灵活的工作安排,例如远程工作、弹性工时等。

(3)家庭支持网络:家庭支持网络对于提供额外的帮助和支持至关重要。如果家庭有其他成员或亲友可以帮助照顾孩子,那么可能不必完全辞职。

(4)孩子的需要和治疗计划:根据孩子的具体需求和治疗计划,家长需要评估是否需要更多的时间和精力来参与孩子的治疗和照顾。这可能需要某种程度上的工作时间调整或辞职。

无论家长是否决定辞职全职在家照顾孩子,重要的是与

专业的儿童发育专家和治疗师密切合作,制订个性化的治疗计划,并寻求适当的支持和资源。这是一个需要综合考虑多种因素后的决定,以确保孩子得到适当的照顾和支持,并在家庭的整体情况下找到最佳的平衡点。

75. 什么是自我刺激行为

自我刺激行为是常发生在孤独症儿童身上的一种重复性刻板行为,在任何时间、任何地点都有可能发生,该行为的发生主要是为了满足感官刺激如视觉、听觉、触觉等。常见自我刺激行为:

(1)自我刺激与视觉、听觉、触觉、嗅觉、味觉和本体觉都直接相关,而且形式多样,躯体动作是其主要形式。包括摇摆、拍手、旋转、来回奔跑、不停地晃动手指、长时间盯着旋转的车轮、注视手部、长时间凝视发光旋转的物体。

(2)自我刺激也包括利用物体进行感官刺激,比如反复拍打纸张、旋转物体、转车轮、在指间绕线等。

(3)自我刺激行为是某些仪式化行为和强迫行为,比如排列物体、握持物体、穿相同的衣服、走相同的路线、反复谈论某一话题、坚决不让物体移动等。

自我刺激行为不能彻底消除的原因,正是因为它可以给自己提供强化物,正常孩子身上也存在着自我刺激,但是往往表现隐蔽,而且他们有自我控制能力,所以常常不会对他们的学习与健康产生影响。而孤独症孩子缺乏服从指令、自然学习和自我管理能力,而且他们的感官接受能力不一样,所以他们的这种自我刺激行为常会严重影响孩子注意力的集中和整合重要信息的能力,从而也严重干扰孩子的学习,有的还严重影响孩子的健康。

76. 孩子突然受到刺激孤独症就好了，有可能吗

孩子突然受到刺激并不会导致孤独症痊愈。孤独症是一种神经发育障碍，通常在儿童早期就会显现出来，并对他们的社交互动、沟通能力和行为产生持久的影响。孤独症是一个复杂的疾病，其原因尚不完全清楚，可能涉及遗传、环境和神经发育等多个因素。目前，尚无治愈孤独症的方法，但早期干预和综合治疗可以帮助孩子改善社交和沟通技能，提高生活质量。

如果孩子确实被诊断为患有孤独症，虽然孤独症无法完全治愈，但通过系统的治疗方法和支持，孩子仍可以学习到应对社会和情境的策略，改善他们的适应能力。此外，有时在一些特定的情况下，孩子可能会表现出类似孤独症的症状，例如在面对刺激或压力时出现社交退缩或沟通困难。这可能是因为孩子在特定环境中感到不安或不适应，所导致的暂时性行为表现。

如果孩子表现出类似孤独症的症状，建议咨询专业的医生或儿童发育专家，以获得准确的诊断和专业的建议。他们可以根据孩子的具体情况提供适当的支持和治疗计划。

77. 什么是智力发育障碍

智力发育障碍是发生于发育阶段，即中枢神经系统发育成熟（18岁）之前，以智力发育迟缓和社会适应能力低下、未能达到相应年龄水平为主要临床表现的一种神经发育障碍。

（1）轻度智力发育障碍：患者智商为50~69。患者在学习和理解复杂的语言概念和学习技能方面表现出困难。患者在

幼儿期即可表现出语言发育延迟、理解和分析能力差、抽象思维发展落后,最终难以或只能勉强完成小学学业。大部分患者日常生活能自理。

（2）中度智力发育障碍:患者智商为 35~49。患者从幼年开始智力和运动发育均明显较正常儿童迟缓,发音含糊不清,词汇贫乏以致不能完整表达意思,不能适应普通小学的学习。生活技能差,经训练后能学会一些简单的生活技能,在监护下可做简单重复的劳动。

（3）重度智力发育障碍:患者智商为 20~34。患者出生后表现出明显的发育迟缓,语言和学习能力非常有限,词汇很少,用单字或短语进行表达,不能理解书面语言或数字、数量和时间概念。日常生活需人照料和指导。成年以后智力水平相当于 3~6 岁正常儿童。

（4）极重度智力发育障碍:患者智商 <20。患者拥有非常有限的沟通能力,不会说话也听不懂别人的语言。不认识人和环境,毫无防御和自卫能力。

78. 智力障碍儿童的语言发育迟缓有什么特点

智力障碍儿童的语言发育迟缓与普通儿童的语言发育有一定差异。对于智力障碍儿童来说,语言发育的迟缓可能会更加明显,且可能伴随其他方面的发育迟缓。

首先,智力障碍儿童的语言表达能力可能会比同龄儿童要弱。他们可能需要更长的时间来理解和表达词汇和句子,而且可能使用较简单、不完整或模糊的语言。这不仅影响他们的语言理解能力,还影响他们的沟通效果。

此外,智力障碍儿童的语言发育迟缓还可能表现为语言流畅性的问题。他们可能发音不清、口齿不流利或语速较慢。

这可能会影响他人对他们的理解,也增加了他们沟通和表达的难度。

其次,智力障碍儿童的语言理解能力也可能存在障碍。他们可能无法理解复杂的指令或抽象的概念,这使得他们在学习、游戏和社交互动中遇到困难。此外,他们可能对语言中的微妙差异和隐含意义不太敏感,导致他们在交流中产生误解。

需要注意的是,智力障碍儿童的语言发育迟缓往往是多方面的。他们可能不仅在语言表达和理解方面遇到困难,也可能在听力、注意力、记忆力等方面存在问题。因此,对于智力障碍儿童的语言发育迟缓,需要综合考虑多种因素,进行全面的评估和治疗(图 11)。

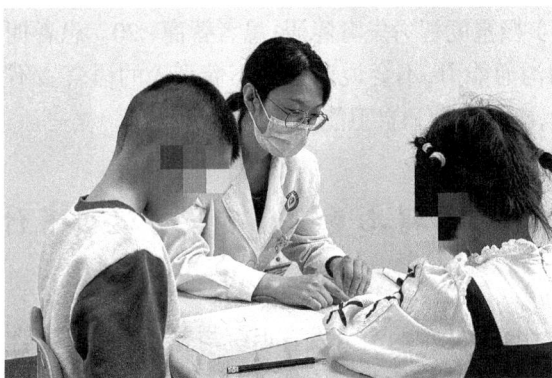

图 11　注意力训练

79. 孩子总是自言自语重复动画片的语句,应该怎样纠正

一般由于年龄尚小,对事物的理解能力有限,1~2 岁前的儿童会出现重复语言的行为,如果超过 2 岁孩子重复台词的

行为增多,家长应引起重视。模仿语言或重复语言等症状在智力发育障碍、孤独症谱系障碍儿童可经常见到。孩子如果总是自言自语重复动画片的语句,或者出现了异常的重复动画片台词的行为,我们可以这样做:

(1)打断行为:做一个不可兼容的行为,例如你可以问他一个问题,这样他一回答,他就不能同时说个不停了;也可以让他做个模仿(如打哈欠),或者"来,喝口水"。总之,让他不再做刚才的行为。

(2)重新引导一个合适的活动:"来,我们一起玩小车",或者说"咱们一块唱个儿歌吧""来切个水果"(图12)。总之就是开启另外一个不一样的事情。

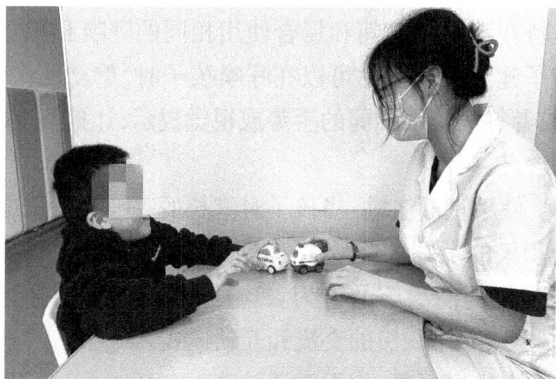

图12 一起玩小车

(3)吸引注意力和夸奖:"哇!你小车玩的太好了""哦!厉害""你唱歌唱的真好听""现在特别好"。总之,打断原来的节奏,然后转移一个新的注意力,并且让孩子从新的合适的活动当中获得一些成就感和奖励。

80. 孩子总是对家长的呼唤没有反应，应该怎么教

如果孩子对家长的呼唤常常没有反应，可以尝试以下方法来教导他们：

（1）使用视觉提示：孤独症孩子通常更容易通过视觉提示来理解和回应。可以尝试使用手势、图片、标志或者写下关键词，将家长的呼唤与视觉提示相结合。例如，你可以用手指指向孩子、拿出一个牌子上面写着孩子的名字，或者使用一个图片牌来引起他们的注意。

（2）重复和强调：在教导孩子时，重复和强调是非常重要的。坚持在不同的时间和场合使用相同的呼唤和视觉提示，帮助孩子建立关联。你可以在呼唤孩子时，重复几次他们的名字，或者每次使用相同的手势或视觉提示，让他们明白这个呼唤的含义。

（3）使用正面激励：当孩子对家长的呼唤有所反应时，记得给予积极的反馈和奖励。可以使用简单的赞美、拥抱或小礼物来强化他们回应的行为。这样可以增加他们回应的动机，同时也建立了积极的交流和互动模式。

（4）渐进式引导：根据孩子的能力和需求，逐渐引导他们实现对呼唤的回应。开始时可以使用较为简单的呼唤和提示，然后逐渐增加难度和复杂性。例如，从简单的指示开始，然后逐渐增加含有更多步骤的指令。

重要的是要保持耐心、理解和积极的态度。每个孩子的发展进程都是独特的，有时候需要更多时间和个性化的教导。与孩子保持良好的连接和沟通，并与专业人士合作，共同努力来帮助孩子建立对家长呼唤的回应能力。

81. 手把手教为什么还是不会

孩子学不会的原因有很多,首先,我们通过换位思考,是不是对孩子来说太难了,比如对于 2 岁的儿童而言,他对身体的协调控制能力和手指的精细操作能力都还在发展中,所以穿袜子对于他而言,难度很高。我们可以这样分解步骤:先用手指把袜子的口子用力拉开,然后把自己的小脚丫放到口子里,最后用力把袜子往上拉。

在教孩子的时候,需要确定儿童发展的两种水平:一种是已经达到的发展水平;另一种是儿童可能达到的发展水平,表现为"儿童还不能独立地完成任务,但在成人的帮助下,在集体活动中,通过模仿,却能够完成这些任务"。这两种水平之间的距离,就是"最近侧发展区"。把握"最近侧发展区",能加速孩子的发展。其实在儿童心理发展的各个方面都存在着"最近侧发展区"。教孩子应着眼于孩子的最近侧发展区,为孩子提供带有适当难度的内容,调动孩子的积极性,发挥其潜能。

家长可以考虑降低学习难度,分解目标。可将目标分解成若干个小的目标,让目标变得更具体,让孩子一个一个学习,对于孩子的失败不是一味地抱怨,而是充满关爱的引导孩子,让孩子一点点体验到成功的快乐,相信会事半功倍。

82. 1 岁智力发育障碍儿童的语言发育迟缓家庭治疗如何做

1 岁智力发育障碍的小孩常表现出反应迟钝、沟通受限、运动发育落后等症状。此外,也会伴有表情淡漠、没有精神、动作幼稚等症状。在语言发育表现上,1 岁的宝宝正常能发出"咿咿呀呀"的声音,部分孩子还能喊"爸爸、妈妈",能模仿大人发声,能理解一些简单的一步指令,会注视说话的人,对声音有反应等。所以,在孩子1岁阶段时,针对语言发育迟缓的家庭治疗,重点应放在提升语前准备能力上,包括目光接触、模仿能力、沟通动机、轮流作转、增加词汇量等。以下列举一些小游戏供家长参考:

(1)超市购物:爸爸妈妈可以带孩子一起到小区超市进行蔬菜采购,需要买西红柿、青菜、玉米等,在购买的同时对孩子进行语言输入"这是西红柿""这是玉米,甜甜的",同时可以适当询问孩子"你想吃什么?",妈妈这时候可以引导孩子作出回应,用手指一指,孩子一旦做到了,马上给予表扬。这个游戏可以增加孩子的词汇量,并且能提高孩子的沟通动机能力(图13)。

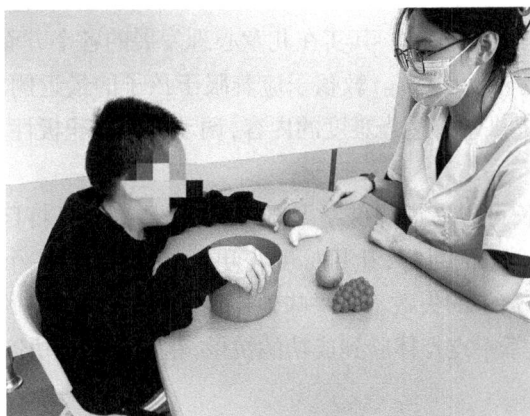

图13 超市购物游戏

(2)下午茶时间:在家里的饭厅,到了孩子的下午茶时间,家长可以准备宝宝爱吃的小饼干和棉花糖,家长在喂食孩子过程中需要注意减少环境的干扰,互动时与孩子保持视线平行,并且提示孩子要看着你的眼睛,孩子做到时立马给予满足。这个游戏可提高孩子的目光接触、等待和沟通动机等能力。

83. 2~3岁智力发育障碍儿童的语言发育迟缓家庭治疗如何做

在语言发展方面,智力发育障碍儿童不论单词还是句子都比正常儿童出现得晚,他们对言语的理解能力以及运用能力的发展较同龄正常儿童缓慢。在2岁半时,存在智力发育障碍小孩的训练重点在言语的理解能力上,需要积累词汇及学习基本认知概念等,为顺利入园做准备。在这期间家长们可以帮助孩子:

(1)合适的家庭活动:家长可以选择适合孩子的游戏和玩具,如过家家玩具、绘本、乐高积木等;家长设计游戏跟孩子一起玩,在游戏中帮助孩子理解指令,建立基本概念的理解,提高语言表达的水平(图14)。具体实施可以是设计小小采购员的游戏,在游戏中加入"理解指令"的目标,家长可以将常见的物品摆放在桌子上,准备几个玩偶作为小帮手,告诉孩

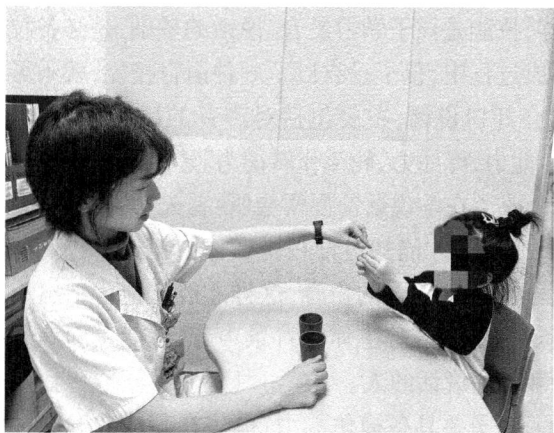

图14 基本概念理解训练图

子:"小狗要吃西瓜,小熊要吃螃蟹"让孩子完成指令,如果孩子不能完成,家长可以给予帮助,并记录孩子不能理解的词汇,按照上一题的"拓展词汇"的方法帮助孩子理解记忆;可以设计阅读时间,在阅读时间加入"语言表达"的目标,比如在读绘本的时候家长可以设计开放式的问题,例如,小熊为什么生气呢? 这样可以让孩子尽情发挥表达的问题,而不是"是不是,能不能,好不好"这样的问题来提问孩子。在游戏中,家长可以经常"装不懂、装不会"创造孩子教学的机会,从而提高孩子的表达欲望。

（2）家庭支持:家长朋友给予孩子充分的关爱、支持和耐心,为他们提供积极的学习和成长环境,有助于促进孩子的全面发展。家庭治疗不仅可为孩子提供支持和干预的机会,也是家庭成员之间建立紧密联系和相互支持的机会。通过家庭的合作和努力,可以为 2 岁智力发育障碍小孩的语言发育迟缓提供积极的治疗环境,促进语言能力和全面发展。

84. 孩子说话需要具备哪些语前技巧

语前技能是孩子学习发音、说话的基础,是必备技能。在语言形成过程中,孩子没有以下 6 种语言技能,就不可能一蹴而就学会开口说话,主要包括对声音的反应和辨别、模仿能力、发声能力、专注力、轮流作转能力、建立概念。

（1）孩子在学说话前要学会听:首先,儿童必须要先知道声音的发出者,才能知道谁在说话,谁在与他交流。其次,儿童也要学会辨别不同的声音,这样才能让他辨别出不同声音的意义。学会了区分主体和背景声音,就能正确地选择某一种声音和专注说话的人。

（2）孩子要具备模仿能力:模仿在其认知发展过程中扮演着极为重要的角色。模仿是宝宝最初认识世界的方式,是学龄前儿童主要学习语言的手段。正是在模仿成人的语言和行为过程中，儿童习得语言技能，在模仿的时候，成人的发声方式、说话内容，以及语言和声音的配合，都能够加深孩子对语言的理解，更好地学习应用。

（3）发声能力和技巧：要学会发声，就要先具备发音器官的完整性和协调性，这样口腔功能才能达到一定的水平。儿童可以在游戏的互动中模仿玩具发出的响声，这有利于掌握发音技巧、调整协调能力和提高发声熟练度，从而培养出良好的语言能力。

（4）专注力：专注能力中一个很重要的内容是安坐能力，这项能力也是儿童专注听、看和说的基础。专注力是一种通用技能，它不仅对语言能力很重要，对其他能力而言也是不可缺少的，拥有优秀专注力的孩子对外界干扰环境的承受能力更强，能够持续地吸收语言知识，更快培养语言能力。

（5）轮流作转：轮流作转是指两个人共同参与对话或者活动，在一个人结束说话和动作之后，另一个人再接着反应。其讲究的是彼此要停下来，等待对方反应再继续行动。轮流作转是培养说话能力的重要过程，它让儿童在交流中学会等待、学会尊重，不随意插嘴。

（6）建立概念：儿童通过器官感知身边的人、事、物，逐渐增加自己的认识，然后在脑海中将事物形象化。如果家长能够在重复的环境下提醒宝宝作出反应，慢慢形成独特的想法，建立概念，就能更好地明白各类语言符号，继而用语言符号表达自我。

儿童语言表达能力的培养和形成是一个长久的过程，父母的教育和指导需要贯穿孩子成长的各个阶段。

85. 如何改善孩子目光对视短暂的问题

对于普通孩子来说，眼神交流是互动沟通中一件很自然的事情，但对于语言发育迟缓的孩子来说，因语言理解、表达及社交落后，导致在目光接触以及共同注意等方面的能力薄弱，他们无法更好地进行模仿、观察和学习，容易错过非语言的信息，注意力不集中等。下面分享一些可以在家中进行目光交流的小游戏：

（1）吹泡泡：大部分孩子都喜欢玩吹泡泡游戏，对训练对视和追视有很好的效果。起初我们可以先吹出泡泡吸引孩子注意力，然后停住等待孩子反应，只要孩子有看我们，有目光对视，就立刻吹出泡泡来满足孩子。强调在孩子看到我们的那一刻，就强化孩子看我们的行为，利用强化物吸引孩子的注意力之后，可以给予语言指令，例如"看我吹泡泡"。

（2）躲猫猫：家长和孩子面对面，用手遮住自己或孩子的脸，然后突然打开，在露出脸的那一刻，我们可以捕捉孩子的眼神。

（3）指认五官：家长与孩子面对面坐下来，让孩子指指家长的鼻子、眼睛、嘴巴、耳朵；反过来，也可以让孩子发令，家长来指孩子的。五官都是长在脸上的，练的次数多了，孩子也就慢慢习惯注视别人了。

86. 治疗老师经常说的互联关注指的是什么

凡是一些有趣的色彩鲜艳的物品，都会吸引我们的注意，同一道理，儿童对于新鲜的玩意同样好奇，例如好吃的食物、新颖的玩具、有趣的物件、游乐场等，都可以吸引到孩子的注意。当孩子能注意周围的不同刺激时，需要孩子具备维持注意力,同时也能转移注意力到别的事情上的能力,这是发展互联关注的基础,互联关注指的是两人同一时间注意在同一件事情或同一物品上(图15)。

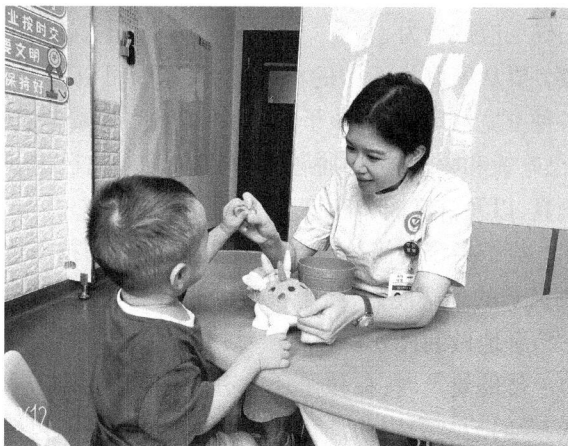

图 15　互联关注

互联关注除了有助提升词汇的学习及语言理解外,也可以提升社交互动、心智解读能力。当你注意到别人所注意的东西时,才知道外在环境怎样影响别人,也就能够明白对方的感受和想法,这就涉及社交互动及心智解读的范畴。互联关注最能显示儿童是否患有孤独症谱系障碍,但并不是只有孤独症谱系障碍儿童需要提高互联关注的能力,而应该是儿童的语言理解、表达、社交的发展都离不开互联关注,因此互联关注也是语言发育迟缓儿童康复的首要训练目标。

87. 我想教宝宝但他不理我,怎么办

家长想教宝宝应先与孩子建立信任关系,参与孩子的游戏或学习中,可以从以下4个方面做起:

（1）关注宝宝的能力：每个幼儿的语言、认知及生活自理能力发展各不相同，我们需要仔细观察孩子的各项能力发展，如果发现孩子有需求，应该及时给予帮助而不是"袖手旁观"；发现孩子一旦成功完成任务，应该及时给予表扬，强化、稳定正确反应或行为。

（2）要从家庭生活中的小事做起：家长可以引导孩子多参加各种家庭活动，提高孩子的生活自理能力，减少依赖。例如，自己吃饭和喝水、进门脱鞋放进鞋柜、散步自己走、收拾自己的玩具，以及自己擦嘴巴等。

（3）给予指令要简单清晰：沟通以及倾听的技巧很重要，要注意孩子的理解能力，给予孩子的指令要清晰、不含糊，让孩子不猜疑地做到任务要求。

（4）帮助要及时：在孩子还没有掌握技能或技能不稳定的时候，及时地从旁协助，辅助是非常重要的，辅助包括示范、手势、眼神、位置等。例如当孩子不会做某个动作时，我们就手把手地教；教孩子认识"杯子"，发指令"拿杯子"，我们可以用示范的方法展示拿杯子这动作，要他模仿。另外，改变物体的位置也是一种很有效的辅助方式。如把杯子放在孩子容易拿到的地方，待他能力提高后再将位置还原。

88. 孩子没有耐心怎么办

对于缺乏耐性的孩子，父母往往爱"包办"，尤其是现在"4+2+1"的看护模式，即爷爷奶奶、外公外婆、爸爸妈妈和孩子的看护模式，大家都对孩子比较溺爱。如果孩子遇到不愿意或者不喜欢做的事情，看护者便会全权代劳，这样一来，孩子就会觉得什么事情做起来都会很容易、很简单，便会丧失求知欲，更失去了耐心。现在很多家庭中孩子要求什么，家长能办到的，都会尽量去满足，但是这样无规则、无限制地去满足孩子的各种要求并不是一件好事。在这种不断的"立即满足"下孩子性格会变得急躁、缺乏耐心,容易以自我为中心,并且无法理解别人的付出,日后做事情也会容易有始无终。

首先,父母需要学会延迟满足,当孩子提出要求的时候,先不要立刻满足孩子的需求,而以渐进的方式或有条件的方式让孩子学习等待。延迟满足不仅是对孩子的一种教育,还对孩子未来的心理成长和学习有着很大的帮助。兴趣是最好的老师,我们要从孩子的兴趣出发,遵循孩子的生长发育规律,在游玩中培养孩子的耐心。从玩游戏的过程中孩子能学到很多的知识,如轮流、等待、游玩技巧等。对于缺少耐性的孩子来说可以玩益智玩具,家长尽量给小朋友买简单的可重复的益智玩具,和孩子进行互动,两人轮流玩玩具到三人轮流玩玩具等,增加等待的时长。此外,还可以根据小朋友的能力选择玩拼图、积木、橡皮泥等玩具,这样既开发了小朋友的智力,同时又培养了小朋友的耐性。

89. 如何在多成员带养中给孩子建立规则

家长常反映在家里很难给孩子建立规则,建立规则后执行遵守的成功率也低,或是父母在家时能遵守规则约定,父母离开后孩子就跑到爷爷奶奶那边寻求安慰及满足。面对这样的情况,家长常表现得无可奈何,效果维持不佳。在家庭中给孩子建立规则,可以试试以下方法:

(1)统一家庭带养观念:对孩子的行为要先倾听后分析,合理的需要给予理解,不合理的需要引导孩子建立正确的行为。

(2)习惯培养要从小抓起:幼儿阶段是培养习惯的最佳时期,家长要特别重视孩子的生活习惯的培养。比如,按时起床、自己穿衣、自己吃饭、自己收玩具等。这些好习惯会对孩子生活及学习形成积极的潜移默化的影响。

（3）遵守同一规则：父母的言行、习惯会很大程度对孩子产生潜移默化的影响，所以家庭成员要有共同遵守的规范。

（4）积极的态度：在孩子养成习惯的过程中，可能会出现情绪反复或不稳定的情况，这时我们要给孩子积极的鼓励，并及时对好行为给予奖励。

（5）破坏约定：当孩子在日常生活中破坏了约定的规则时，每位家庭成员的反应都应是一致的，因为对于不明确的规则，孩子一定会去反复试探，从大人的反应中，了解家长的底线。孩子在规则明确的环境中会更有安全感，做事情也更自信。

值得注意的是，家庭规则是在家庭互动中逐渐建立起来的，在不同的阶段，家庭规则是不同的，要灵活变动，清晰而有弹性的家庭规则可让家庭成员既能感受到适当的约束力，又能感受到温暖和安全，获得力量。

90. 孩子只对有声音的东西感兴趣时会发声，怎么吸引孩子对别的东西有兴趣呢

孩子有兴趣是好事，家长可以先跟随孩子的兴趣进行一些活动。比如孩子喜欢会发声的小汽车，家长就可以模仿小汽车发出的声音，运用"呜呜呜""嘟嘟嘟"等这些拟声词来引导孩子，让其慢慢地进行模仿发音。之后，我们可以尝试在此基础上加入新的玩具，吸引孩子对其他物品的兴趣，同时也不断丰富游戏活动的内容。比如，当孩子拿着小汽车在玩的时候，我们可以尝试拿个小动物的道具，同时跟宝宝说"小动物要坐车车啦"，以此锻炼孩子的共同关注能力。或者拿另一个玩具跟孩子进行互动对话，"宝宝你好啊，请问你是小兔兔

吗？"逐渐吸引孩子对不同玩具、不同物品的兴趣，而不是只局限于特定的物品上面。

跟随孩子的兴趣点，观察孩子的反应，适当地加入互动交流，逐步建立共同关注，这样才会对孩子语言的激发有所帮助。在这个过程中，良好的互动交流也是很关键的，要跟着孩子的节奏，加入适当的描述性语言，尽量跟孩子保持在同一个频道上，如果孩子兴趣比较高，就可以适当延长这个互动的过程，培养孩子持续关注的能力。总之，父母在这个过程中充当的是孩子的"玩伴"，而不是"教育者"的角色，只有孩子觉得好玩且有趣，愿意和父母之间进行更多互动交流，才会促进语言的表达和发展。

91. 应该和孤独症儿童玩什么

当与孤独症孩子玩耍时，有一些活动可以促进他们的社交互动和发展。以下是一些建议：

（1）创造安全舒适的环境：为孩子提供一个安全舒适的环境，减少他们可能感到紧张或焦虑的因素。选择一个安静的地方，远离噪声和干扰。

（2）触觉刺激活动：许多孤独症孩子对触觉刺激有着特别的反应。尝试使用各种材料，如沙子、泡沫、丝带等，让孩子感受不同的触感和纹理。

（3）结构性游戏和活动：孤独症孩子通常喜欢结构明确的活动。使用拼图、积木等有明确规则和目标的游戏，帮助孩子建立专注力和解决问题的能力。

（4）角色扮演游戏：通过角色扮演游戏，孩子可以学习社交技能和情绪表达。尝试扮演不同的角色或模拟日常生活中的场景，鼓励孩子表达感受并与你进行互动。

（5）音乐和舞蹈：音乐可以激发孩子的情感和创造力。

尝试与孩子一起唱歌、跳舞或演奏乐器,这有助于提升他们的社交参与和表达能力。

(6)游戏化学习:利用孩子感兴趣的主题或游戏化的学习方式来吸引他们的注意力。例如,使用卡片游戏或电脑软件帮助他们学习颜色、形状、字母和数字等内容。

(7)感官体验活动:孤独症孩子往往对感官刺激非常敏感。提供一些感官体验活动,如泡泡、水池游戏、香氛活动等,让他们感受到不同的刺激和感觉。

重要的是要尊重孩子的个人喜好和舒适度,并根据他们的反应调整活动。每个孩子的兴趣和需求都不同,尝试不同的活动,并观察孩子的反应,找到适合他们的玩耍方式;也建议与专业的儿童康复治疗师讨论,以获得更为具体的建议和指导。

92. 孩子总是不专心怎么办

孩子专注力差,会导致认知落后,学习能力难以发展,家长为此头痛不已。表现为孩子总是不专心,容易被外界干扰,做事拖沓,总是三分钟热度,面对这样的情况家长应该怎么办呢?

3岁前的孩子注意发育水平还很低,注意维持的时间很短,而且在各类情境或环境中注意的事物也较有限。对于3岁前的孩子,家长可以陪伴孩子投入到游戏活动中,但应避免让孩子在游戏中同时接触多种玩具,因为过多的玩具会分散孩子的注意力,导致孩子对每个玩具都是三分钟热度,没有办法在一个玩具上停留太久时间,有时甚至还不会玩这个玩具就把它扔了去玩下一个。长此以往,孩子自然就无法从玩具中得到应有的乐趣。

3岁以后的孩子,注意力发育水平相对提高。对于3岁以后的孩子,家长可以将孩子的学习任务具体化,比如孩子在完成一份手工作业时,家长就可以把手工作业分成几个部分,然后让孩子一部分一部分的来做,孩子就能有具体的目标,自然就更容易集中注意力。同时,要给孩子营造安静舒适的学习环境,比如在孩子看书时把电视、手机等关掉,避免过多的外界刺激对孩子造成影响。需要注意的是,当孩子专注于某件事时,尽量不去打扰他,避免过度关注孩子,以免孩子形成依赖,缺乏自主性,当没有人督促或者安排活动时,孩子将无所适从。

93. 孩子对玩具没兴趣怎么办

玩具对孩子来说不仅有娱乐作用,而且对智力、手眼协调等各项能力的提升也有很大的帮助。孩子对玩具没兴趣该怎么办呢?

(1)根据孩子的年龄来选择适合孩子的玩具。许多家长买的玩具超出了孩子的年龄,无法控制的玩具只会给孩子带来挫折感,继而使孩子失去继续探索玩具的兴趣。对于1岁左右的孩子来说,他们正处于感知运动游戏阶段,颜色鲜艳、能发光、可以活动的或有声音的玩具,最能吸引他们的好奇心。但是随着年龄增长,孩子喜欢的玩具就有所不同。2岁左右的孩子喜欢玩建构性游戏,积木、拼图等玩具就比较适合他们了。2岁后,孩子开始出现象征性游戏,他们把一种东西当作另外一种东西来使用,即"以物代物",或者把自己假装成另一个人,即"以人代人",如拿香蕉放在耳边当作电话、扮演娃娃的爸爸、妈妈等,所以家长可以给2岁以上的孩子准备一些过家家的玩具来促进他们的模仿和想象能力的发展(图16)。

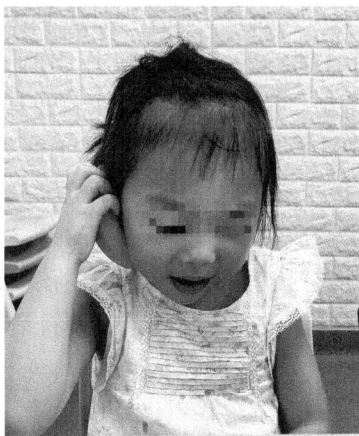

图 16　象征性游戏"用香蕉打电话"

（2）过多的玩具会分散孩子的注意力，家长需要帮助孩子制订游戏规则。例如，一次只能拿出一两件玩具，玩10分钟才能换其他玩具，这样可以有效避免孩子一次接触太多玩具。

（3）许多孩子在独自玩玩具时，很快就失去对玩具的兴致，这可能是因为一个人玩很无聊。如果家长可以陪伴在孩子身边，跟他们进行有效的互动，孩子能感受到更多的乐趣。

94. 一让孩子学说话他就扭过头，为什么

回想一下是否出现过一定强迫孩子要开口的情况？若孩子的说话动机不强，逼迫他（她）说话只会事倍功半。门诊曾有一位语言发育迟缓的小朋友，2岁只会说"妈妈""车车"等叠词，在上课的时候我发现让他仿说时，他会把头偏到一边或者直接趴在桌子上拒绝开口。在课后与妈妈沟通时才知道，爸爸在孩子1岁多的时候，当孩子想要一种物品或想做一件事情来寻求帮助时，爸爸会逼迫他说，不说便不满足其要求、

没有奖励或者零食,甚至会批评孩子,最后孩子非常抵触以及逃避开口讲话这件事。

儿童在刚刚学会说话的时候,可能会发音不清,在这时不要一味强调纠正发音,试着让孩子说两遍后,不管清不清晰可以先鼓励孩子"真好听""说的真棒!",增强孩子说话的动机,鼓励孩子多说,练习次数越多,会越来越清晰。同时在与孩子练习的时候,注意不要练习比较难的词语,比如孩子会说叠词时,我们可以教他扩充叠词词汇,比如"菜菜""果果""肉肉"等日常生活中比常见的词,切忌开始就进行句子训练,比如"我要出去玩""飞机天上飞"等,对于孩子目前的能力来说有些困难,小朋友可能出现畏难情绪害怕失败,便出现抵触心理不想开口。

95. 如何抓住孩子的注意力

婴幼儿通过关注他人的各种行为和活动,如身体移动、肢体语言、面部表情和言语等,来模仿进而习得新的技能。抓住孩子的注意力可以帮助孩子更好地学习新的技能,推荐从以下几个方面来入手。

(1)找到孩子喜欢的东西:首先,我们要搞清楚孩子喜欢什么,比如玩具:玩具车、球、拼图玩具等。若孩子对玩具没有兴趣,可以创建更多的社交游戏:逗乐、转圈、举高等;或者一些活动:荡秋千、听喜欢的歌曲、洗澡时涂泡泡等。孩子感兴趣的游戏活动,能够让孩子更加积极与父母进行互动,更加关注父母,更加乐于学习。强烈的动机促使孩子变成主动学习者,让学习事半功倍。

(2)找到合适的位置:找到合适的互动位置才能走进孩子的视线,确保孩子能够看到家长的眼神、面部表情、肢体动作等(图17)。

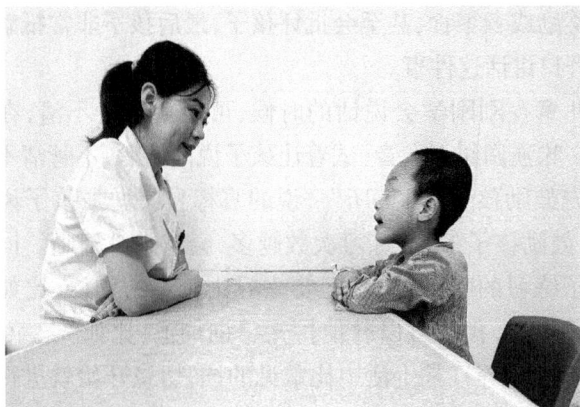

图 17　坐在小桌子前

（3）排除环境干扰：除了感兴趣的活动，控制好环境也同样重要。嘈杂的环境、电子设备等都会分散孩子的注意力。所以，在活动开始前，我们要对环境做好控制，收走散乱的玩具，关闭电子产品，选择卧室及书房等小空间来进行活动。

（4）参与到孩子的活动中：在孩子进行游戏过程中，不要轻易打断孩子，我们可以主动参与到孩子的活动中，在活动中抓住孩子的注意力，加强语言的输入。在孩子喜欢的活动中，我们可以先跟随孩子并逐步加入他的活动中，在活动中给予孩子赞美"哇，你的积木搭得真高！"，或者进行解说"你在开车"，又或者为孩子提供一些帮忙"你需要我帮你打开袋子吗？"。

96. 做什么都三分钟热度，不能坚持，怎么办

孩子做事总是"三分钟热度"，其实是因为注意力不够集中。一般来说，儿童的注意力都是从无意注意向有意注意慢慢发展的。孩子在 2 岁前，几乎都以无意注意为主，2 岁以后

有意注意时间会逐渐增加。当孩子在专心地做着一件事时，除非是被邀请，否则，家长尽量不要过多地去打扰他。干扰物太多，容易分散人的注意力，所以，孩子在做一件事时，要尽量降低环境中的干扰，让他们能更好地将注意力集中在某一件事上。如玩玩具时，如果一次性拿出一箩筐的玩具，孩子就会这个也想玩，那个也想玩，最终每个玩具都玩不久；相反，每次玩的时候，玩具数量少一些，将现有的玩具玩出更多的花样来，这样玩这些玩具的时间也就更长了。同时还应该注意：

（1）不要太早接触电子产品：手机等电子产品已经成为了很多现代家长们的"哄娃神器"。长时间沉迷于电子游戏或短视频，对儿童的认知、语言发育，甚至心理健康都会造成不利影响，影响孩子的专注力。特别是 3 岁前的孩子，应尽量少接触手机、电视等电子产品。

（2）善用孩子感兴趣的东西：在亲子互动的游戏中，家长可以充分利用孩子感兴趣的东西来发展孩子的专注力。如孩子喜欢玩拼图的话，可以逐渐增加拼图的片数，来延长孩子专注到拼图上的时间。跟孩子一起玩橡皮泥时，可以引导他捏出不同形状的东西来。孩子喜欢听家长读绘本，家长可以在读的过程中，可适当增加一些提问，让他在听的过程中可以更为专注。

97. 要怎样说孩子才会听

当我们发出指令想让孩子去做点什么事情时，孩子好像没听到一样，不理人，不去执行，面对这些情况，我们可以这样做。

（1）听之前先获得孩子的注意力：如当我想去玩耍的时候，家长让儿童去学习或者让他去做别的事情，孩子肯定是不愿意的。我们要获得儿童的注意力之前，首先要加入儿童的游戏中,成为孩子的玩伴,才能更好地抓住儿童的注意力。

（2）关注孩子能力:发出的指令清晰明了,用陈述句不用疑问句;要确保我们给儿童的指令,儿童能听懂,才能执行。例如:"你能不能把你的玩具收拾好? 要吃饭了,快点快点。"改成"把玩具放进柜子里,到这里吃饭。"这样我们给孩子的指令,他既可以听懂,又可以做到,好行为也得到了强化物,孩子自然愿意配合。

（3）不要重复给孩子同一个指令:当孩子没有及时执行家长的指令时,家长经常会重复下指令,那么这个时候的指令都属于"空指令",指令放空的次数越多,指令的效力就越弱,孩子会把大人的指令当作耳旁风。所以我们避免反复下指令,当孩子做不到时及时给予辅助,成功时及时给予表扬。

怎样说才能让孩子听懂并回应? 这些都是需要逐渐摸索,要分析孩子的情况,遵循其语言能力发展的规律,才能保证在家庭生活中得到更多的练习机会。

98. 买什么玩具给孩子呢

对孩子而言,一天之中的绝大多数时间都在做游戏、玩玩具,可以说,孩子的首要任务就是玩耍,尤其是学龄前的孩子,能够通过玩玩具来学习生活中的多种知识、技能,玩玩具是童年的重要时光,也是儿童游戏技巧发展的基础时期。那么,我们该如何为孩子挑选合适的玩具,实现科学玩耍呢?

首先,3 岁之前的孩子,游戏技巧还比较少,可以挑选一些感官刺激较强、能够简单操作的玩具,比如一些能够发声、发光的感官玩具;能够进行日常事物认识的配对板、水果切切乐等,引导孩子通过这些玩具掌握一定的事物概念、配对技巧。3~4 岁的孩子,游戏技巧有了明显的提升,这个阶段的孩子,要在游戏中完成对规则的理解,我们可以选择一些能进行社交规则锻炼的玩具,如过家家玩具、医生套装玩具、积木等,引导孩子通过玩具掌握一定的社交规则。4岁之后的孩子,对玩具的依赖渐渐减少,这个阶段,孩子的思维较之前较为成熟,可以选择一些能进行逻辑思维和表达训练的教具,如故事绘本、思维训练卡片、华容道等,引导孩子在玩耍中锻炼思维能力,促进语言表达的发展。

99. 学到的训练内容怎样应用到生活中

孩子将学到的内容应用到生活中,这一过程就是治疗师们常说的泛化,具体指的是将已学习的知识、技能应用于新的情境中或转移到现实环境中,以解决面临的困难或问题。我们用举例说明以便家长更好理解,假设孩子所需要泛化的技能是已经学会了的提要求,那么家长可以这样做:

(1)可以将这个"新技能"在不同人之间进行使用:如孩子在康复机构学习了提要求,家长可以引导孩子跟不同人的人提要求,如爸爸、妈妈、奶奶等。

(2)可以用不同方式提要求:如"我要××"或"可以给我××吗?"。可以在不同的时间、地点,对不同的事情(物品)提要求。例如:在超市向妈妈表达想要糖果,也可以在便利店向爸爸表达想要酸奶。

(3)可以创造机会让孩子对需要的物品提出要求:如吃饭时,妈妈盛饭了但没有给勺子,向妈妈提出给予勺子的要求。

(4)在提出要求后知道可能会被拒绝,寻找其他方式提出请求:如孩子想吃同学的糖果,但同学只有一块,孩子向同学提出要糖果,同学拒绝的概率较大,那可以引导孩子提出交换糖果或其他零食,以获得想要的东西(图18)。课堂的教学条件有限,家长应积极配合治疗师做好学习技能的泛化练习,以期孩子能取得更大的进步。

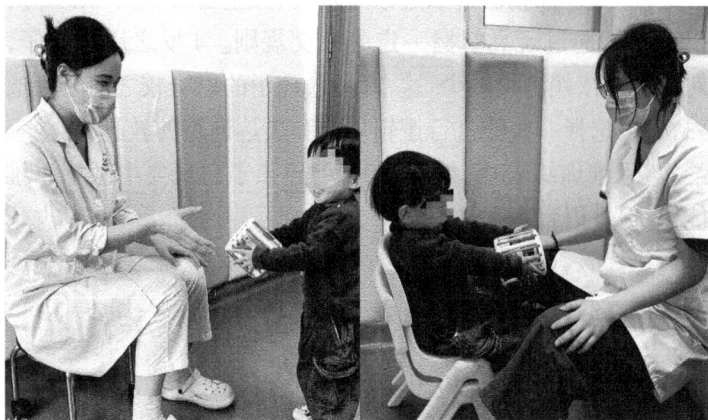

图 18 向不同人提要求

100. 应该如何选择康复机构

选择康复机构是关键的一步,以下是一些建议来帮助家长做出选择:

(1)寻求专业建议:首先,建议家长咨询专业的儿童康复治疗师、医生或其他专家的建议。他们可以根据孩子的具体需求和情况,给予你适当的建议和推荐。

(2)考虑地理位置和时间安排:选择一个合适的地理位置和时间安排也是重要的因素。考虑到康复机构的距离和交通便利性,以及他们是否提供弹性的时间安排,以符合家庭的需求和日常安排。

(3)了解治疗计划和目标:询问康复机构的治疗计划和目标设置,确保它们与儿童的需求目标一致;也可以了解他们的评估方式和进展跟踪方法,以确保他们能够对儿童的发展和进步进行及时评估和调整。

(4)参考他人的经验和评价:家长可以参考其他家庭的

经验和评价,了解他们对机构的满意度和孩子的康复效果。这可以通过互联网上的评论和评分、与其他家长的交流等方式来获取。

最重要的是,家长要根据儿童的具体需求和条件,选择一个能提供专业、负责任和有效的康复机构。通过充分的调研和与专业人士的合作,为儿童选择一个适合的康复机构,以帮助儿童获得良好的康复效果。

101. 康复训练的目的是什么

早期的语言干预对语言发育迟缓儿童的康复极其重要。3岁以内的孩子,语言的可塑性很强,我们可以通过外部的康复干预训练,增加语言刺激和环境的支持等方法帮助语言发育迟缓儿童理解语言,提高语言表达能力;早发现、早诊断、早干预,抓住儿童语言发展0~3岁的关键期,才能更快地促进语言发育迟缓儿童的沟通交流能力,回归集体生活。

儿童康复训练是指对生理、心理、社交等方面存在问题的儿童进行治疗和康复,以达到促进儿童发展的目的。它包括了多个方面,如物理治疗、言语治疗、作业治疗和感统治疗等。物理治疗指的是通过运动、任务导向等方式来改善孩子的肌肉和力量、步态等问题,促进他们大运动的发育;言语治疗指的是通过训练孩子的语言理解、表达、社交技巧和口部运动能力等,帮助他们克服各种语言障碍,促进交流沟通;作业治疗指的是作业任务锻炼孩子日常生活自理技能和手部精细动作能力,帮助他们更好地适应社会和独立参与活动;感统治疗指的是引导孩子将从身体各种感觉器官传来的感觉信息,进行多次组织分析、综合处理,作出正确决策,使整个机体和谐有效运作。总之,康复训练是一种综合的、全面的治疗手段,目的是帮助孩子改善功能障碍,提高活动和参与的能力。

102. 孩子把"姑姑"叫"嘟嘟"应该怎么纠正

孩子把"gu"音发成了"du",是"g"音的构音出现了障碍,是将舌根音发成了舌尖音。这里需要解释一下什么是舌根音,舌根就是舌头靠近喉咙的部位,当发 g 音的时候舌根后缩,在喉咙前面形成一座小山,然后这座山的山峰触碰到软腭(就是我们常说的"吊钟"所在的那块软软的组织)。把"姑姑"发成"嘟嘟"的小朋友,大多数是因为不能完成舌头后缩形成小山的动作。

那我们应该怎么样纠正孩子呢? 我们可以使用棉签、筷子或是小勺子,轻轻地压在孩子的舌尖,保持舌尖持续下压的动作,然后向喉咙方向轻轻地推动舌头,使舌头形成"小山",然后让孩子发 g 音。如此反复。当孩子可以通过家长的动作辅助完成 g 音素的发音之后,再教孩子发带 g 的音节,如 gu、ga、ge 等,并结合四声调,如 gē、gé、gě、gè。然后将正确发音的音节组成词语,如哥哥。进行泛化训练。

当然我们也需要做加强舌根力量的训练,如做"咕噜噜"漱口的动作,吸浓稠的酸奶都可以达到加强舌根力量的作用。力量训练的主要目的就是稳定舌根后缩的动作,帮助孩子保持发音的稳定性。

103. 孩子只会重复大人的话怎么办

如果孩子出现这种情况,家长首先要做的是寻求专业人员帮助,如儿童康复科医生或语言治疗师做系统的康复评估,得出明确的诊断结果,然后根据诊断和评估结果,与家长共同为孩子设计个性化的语言治疗计划。单从孩子重复家长的话

这个问题,家长可以这样做:

(1)家长可以提出开放性问题,激发孩子的思考和回答:如"你今天在幼儿园做了什么有趣的事情?"或者"你最喜欢的玩具是什么?"这样的问题可以鼓励孩子用自己的语言表达想法和经历。当孩子重复大人的话时,家长可以扩展他们的语言内容。如果孩子说"我要水",家长可以回应:"你渴了吗?你想要一杯水吗?"通过扩展孩子的话语,家长可以引导他们使用更多的词汇和更完整的句子。

(2)阅读故事书和讲故事可以促进孩子的语言发展:选择适合孩子年龄的图书,读给他们听,并鼓励他们参与讲故事的过程。家长可以询问孩子关于故事的问题,鼓励他们描述故事中的角色和情节。这样的活动有助于提高孩子的词汇量、理解能力和语言表达能力。通过创造有趣的语言游戏和活动,可以激发孩子的语言兴趣和参与度。

(3)家长应鼓励孩子与其他孩子、家庭成员或同龄人进行互动:参加社交活动、游戏和集体活动,可以提供更多的语言机会和情境,促进孩子的语言交流和表达能力(图19)。

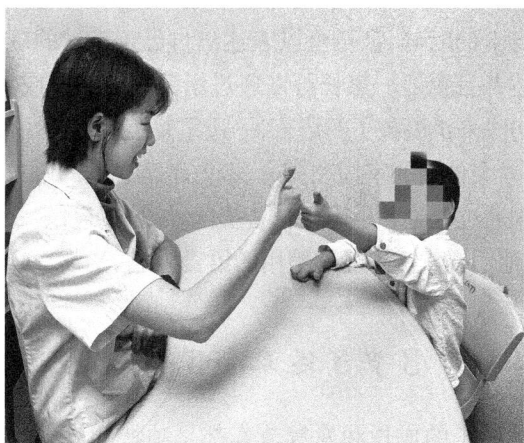

图 19　及时鼓励

104. 孩子会说话但是还是会用手势比画并"啊啊啊"怎么办

孩子会说话但还是会用手势比画,再加上"啊啊啊"或者来来回回说重复的几个字或者词语,来表达意愿或者需求,可能是因为孩子本身掌握的词汇量较少,不能主动的使用相关词汇表达自己的想法或者需求。这时候家长就要根据孩子现阶段的语言水平合理使用简化语言,在家练习的语言要更贴近于孩子目前所用的语言。

首先,跟孩子沟通时,家长需要放慢说话速度。说的越慢、越清晰,孩子越容易听懂重要的字词并理解其中的意思。孩子一般难以识别句子中的重要字词,所以可通过改变语气或停顿进行强调,帮助他们理解其中含义。一遍一遍地使用相同的语言,会加深孩子对词语的印象。并且可以在使用语言的同时运用手势。此外,家长还可以根据孩子的兴趣点来示范语言。语言必须与行为联系在一起才更加有意义。家长可以对孩子正在观看或者是正在做的事情进行描述或评论。当孩子的目光在家长身上的时候,家长可以表述出自己正在做的事情,运用短句表述并且重复。家长可以通过示范新的字词或者适合的语法和句法来扩展孩子的语言,一边重复孩子的话一边加入新的信息,教会他新的字词和概念,以及示范合适的语法或句法。家长可以通过评论和示范来代替提问,给孩子提供一个沟通机会,并给他们提供一个能够使用的语言模式。

105. 孩子3岁了还不会说话怎么办

每个孩子的成长和发育节奏都是独特的,从学会走路到开始说话,每个孩子都有其特定的时间表。但是,当孩子达到

3岁还未开口说话时,很多家长会倍感担忧。那么作为家长,该如何应对这种情况呢?

首先,了解语言发育的里程碑是必要的。从婴儿时期开始,孩子就显示出了基本的沟通能力,例如通过哭、笑、肢体动作、表情等对外界做出反应。到他们1岁左右时,大部分孩子通常会说出第一个词汇,如"妈妈"或"爸爸"。随着时间的推移,大约到2岁,他们开始组合两个词汇,形成简单的句子,如"要球""妈妈抱抱"等。但如果到了3岁,孩子仍然没有说话,那么可能有几个原因,听力问题、语言发育迟缓、孤独症或其他发展障碍。另外,孩子所处的家庭环境和与成人互动的机会也可能对其语言发育产生影响。为了应对这种情况,我们可以在家中采取一系列初步的干预措施。包括经常与孩子保持眼神接触、频繁与他们交谈、设立固定的学习时间、为他们朗读,以及通过唱歌和玩假想游戏来丰富语言环境。同时,应限制孩子使用电子产品的时间,以确保他们有充足的与他人沟通的机会。

如果家长对孩子的语言发展有所担忧,寻求专业言语治疗师的评估非常重要。评估可能包括语言理解和表达能力的测试、听力测试,以及其他相关的发展评估。这有助于确定孩子是否确实存在语言发展迟缓,并制订相应的干预措施。

106. 孩子为什么说不了长句子

孩子从出生开始,其语言便是一个不断发展的过程,从最开始的单字词阶段到后来的复杂句阶段。一般来说,孩子到了3~5岁的阶段就已经掌握了大部分常见的语法结构形式,并且能够运用较完整的简单句或复杂句进行沟通表达。但是有的孩子还是只会说爸爸、妈妈、抱抱、拜拜等简单词,不会说完整的句子。

其实,出现这种情况,大部分是因为孩子的词汇量不够,以及不理解词语之间的逻辑关系,所以不能组成长句子。针对第一种情况,家长可以通过扩充宝宝的词汇量来提高表达说话的能力,可以先从生活当中常见的名词入手,比如常见的日用品类"杯子""勺子""牙刷""毛巾",常见的小动物"小狗""小猫""鸭子""小鱼",常见的蔬菜水果"苹果""香蕉""青菜""胡萝卜"等,以及一切生活中可能用到的动作词,比如"打开""走""跑"等。理解是先于表达发展的,只有宝宝积累了一定的词汇量,理解达到一定的水平,表达才会随之更进一步。

当然,除了常见的动名词积累,一些基本认知概念的学习也是拉长句子的关键因素,比如大小、多少、长短等比较概念,以及颜色概念、形状概念、方位概念、数量概念等。举个例子,宝宝刚开始只能说"苹果"或"果果"来表达他想吃苹果的需求,那么如果宝宝学会了动作词,他可能会说"我要吃苹果",学会了大小概念,他可能会说"我要吃大苹果",学会了颜色概念,他可能会说"我要吃红红的大苹果"。句子长度的拉长,就是通过不断往里加元素而实现的,所以,理解的积累对于表达来说肯定是重中之重。

针对第二种情况,不理解词语之间的逻辑关系,家长可以帮助孩子先理解词与词之间的逻辑顺序,从生活中常用的基本句式结构慢慢练起,逐渐完成词语、短句、长句的过渡。换言之就是多利用生活中的交流机会,不断帮助孩子练习常见句式。

107. 孩子什么都懂就是不说话,怎么办

我们需要先确定一下孩子是不是什么都懂。观察孩子对环境中发出的声音或者叫他的名字是否能有正确的反应;在

没有任何手势提醒的情况下,观察孩子是否能听懂你说的话并回应;孩子如果不会说话,也可以观察他是否通过非口语的方式进行沟通和表达,如肢体动作、手势语言等;和同龄孩子相比,是否在理解能力上有所不同。通过观察和评估确定孩子是可以听懂的情况下,家长可以采取一些方式帮助提高其语言能力。

(1)要了解孩子的兴趣,跟随孩子的兴趣进行针对性训练更能激发其表达欲望。凡是能引起孩子注意的事物就是他们的兴趣所在,可以是吃的、玩的等,家长需要做的就是告诉他们"是什么",然后经过不断的言语重复,让孩子逐渐掌握这些词汇。

(2)家长不要太着急,要让孩子循序渐进地进行学习。有的家长可能会因为孩子迟迟不讲话感到着急,就会逼着孩子去说,一直问,这样会给孩子造成很大的压力,更不愿意开口讲话。要循序渐进地进行引导,学会鼓励孩子。还有就是不要着急打断孩子,要给孩子反应的时间。如果家长发出指令后,孩子没有立马去执行,可以多等几秒钟观察下孩子的反应,不要很着急的就给予提示,否则久而久之孩子就会不愿意去思考,会总想着依赖父母,因此也就不太会讲话了。同时作为家长要主动放下手机,多陪孩子进行互动,多和孩子聊天,增加与孩子的亲密感,帮助其语言更好的发展。

108. 孩子想沟通的欲望很强烈但没有语言表达,怎么办

孩子是天生的沟通者。从婴儿时期开始,他们通过哭泣、表情和声音来表达需求和情感。但当孩子的沟通欲望强烈,却受限于没有语言表达能力时,这可能会引发孩子的社交障碍或情绪问题。分享一些方法来帮助这些孩子获得他们渴望

的沟通途径。

倾听和观察。父母和照顾者需要关注孩子的非言语沟通方式,这包括观察他们的眼神、姿势、表情和声音。孩子们往往通过这些方式传达情感和需求。例如,孩子可能会用眼神示意他们想要某样东西,或者通过声音表达高兴或不满,如果家长给孩子养成了衣来伸手饭来张口的沟通"坏习惯",那么孩子就会习惯了这种"偷懒"的沟通方式,是不利于孩子的语言表达发展的。那么家长需要做的是鼓励孩子使用声音结合眼神或者姿势的方式来进行沟通,比如,当孩子想要喝水,家长可以让孩子看着水杯或者用手指水杯,然后结合一个语音"杯杯""水""要"等,帮助孩子表达需求,注意这个语音要根据孩子的能力来决定。

此外,父母在跟孩子下达指令或者沟通时尽量使用简单明了的语言,让他们更容易理解和模仿。同时父母可以去模仿孩子的声音和动作,然后等待他们的回应,这更加有助于建立互动,或者是利用图片、图示或手势来帮助孩子们理解和表达(图20)。虽然孩子可能缺乏语言表达能力,但他们渴望沟

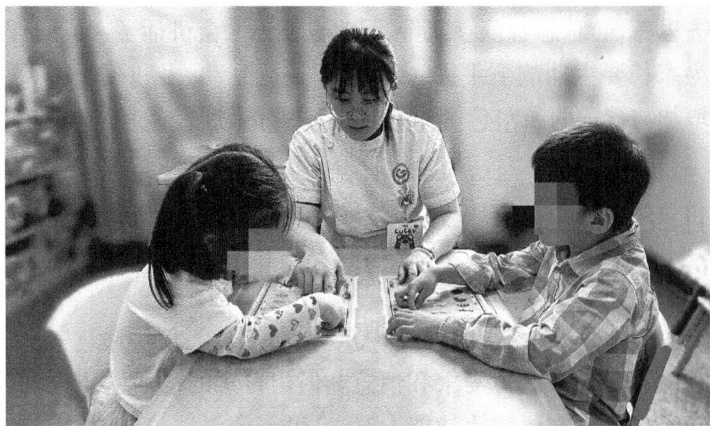

图 20　利用图片表达

通的欲望是强烈的。我们通过倾听、观察、建立日常沟通习惯和言语治疗的支持,帮助他们建立与世界互动的能力,提高他们的沟通欲望。

109. 孩子只会用手势表达不会说话,怎么办

一般孩子到了 10 个月左右会用手指指物,1 岁左右开始会说话,但是每个孩子的智力发育及身体情况存在个体差异,所以学会指物和说话的具体时间也存在差别。如果孩子到了 1 岁半还不会说话,只会用手势表达,家长就要及时到医院做全面的评估,然后考虑是否需要进行针对性的干预。

孩子能手指指物,说明孩子有表达的需求,但是他的词汇量较少,语音模仿能力欠佳,无法用语言来表达。针对这样的情况,家长在家可以做些什么呢?

(1)家长应该给予孩子丰富的语言积累。例如:当孩子指着积木,可以先问问孩子:"想要积木吗?"孩子示意后,可以指着积木告诉孩子:"这是积木。"然后把积木给孩子,在这个过程中要强调所接触的物品和所做的动作,而且语言尽量简洁。

(2)家长可以利用孩子感兴趣的玩具,游戏或者事物鼓励孩子用语言表达需求,注意不要第一时间就满足孩子用动作表达的需求,要适当地延迟满足。

(3)在积累一定数量的名词和动词的同时,还要关注孩子的语音模仿能力的发展,可以和孩子玩声音、语音、肢体动作的模仿游戏。如在教孩子指认动物的时候,可以一边告诉孩子:"小猫来了,喵喵喵!",一边配合手势和动作,增加模仿的趣味性。在跟孩子玩模仿游戏的过程中,有一个小技巧,家长的口部动作可以适当慢一些、夸张一些,让孩子有充足的时间仔细观察发音时的口部动作。

110. 孩子不会问问题怎么办

使用语言进行沟通可以帮助儿童建立人际关系，帮助他们分享和交流想法，理解他人观点，并能够在沟通交流中提高自信心并维持友谊。能够回答并提出问题则是实现沟通的必备能力。相对于回答常见的问题，能够准确提问则更加有难度。我们可以在自然情景中循序渐进引导孩子逐步学会提问。

（1）学会提问"是什么？"：家长可以通过"拆盲盒"游戏引导孩子提问"是什么？"。首先找到一个不透明、不易打开的盒子作为"盲盒"，把一个孩子喜欢的玩具或者奖励放在"盲盒"中。在游戏时间时，引导孩子询问"盒子里面是什么？"，逐步减少提示，直至孩子能独立提出"是什么"的问题。成功问出问题则可获得盲盒中的奖励。

（2）"寻宝"游戏：家长可以通过"寻宝"游戏引导孩子学会提问"在哪里？"。家长准备常见的物品图片以及对应的实物，把实物藏在某一个与孩子设定好的区域范围内，然后让孩子选择一张图片去寻找。当孩子找不到某种物品时，我们引导孩子提问："××在哪里？"此处要注意，有些实物是比较容易找到的或者孩子是知道在哪里的，另一些实物则是孩子不知道放在哪里的或者比较难找到的。这样是为了避免造成孩子为了问而问的机械刻板问题模式，我们游戏过程中，逐步减少辅助。刚开始的时候可以让儿童整个复述我们的问句，然后引导儿童自主说出实物的名称，后面的"在哪里"我们进行提示。最后逐步让儿童独自完成"××在哪里？"的提问。注意选择的实物可以是好玩的玩具、好吃的糖果等，这样可以增强孩子的主动性和乐趣性。

（3）其他问句：其他问题包括"谁？""为什么？"等，可以在以上两个相对简单的问句稳定后在生活中或者孩子喜欢的绘本或动画中逐步引导。

111. 孩子总是不能复述刚刚发生的事情怎么办

对很多孩子来说,向家长及老师转述刚刚发生的事情充满挑战,记忆力及语言的技巧是需要同时关注的问题。我们可以帮助孩子从简单的事件开始练习,把目标分为很多细小的步骤,逐步提高难度,反复练习,让孩子逐步理解并正确回答问题并逐步提高记忆时间,最后实现主动分享并转述事件。

以吃糖为例,当孩子正在吃糖果时进行提问"你在吃什么?",当他吃完了,你再问他"你吃了什么?"。当孩子不能回答时,我们可以利用视觉提示,比如拿出一颗一样的糖,露出一点,或拿出刚刚吃糖时拍的照片给孩子看并询问。当孩子可以回答时,可以继续提高难度,例如,我们先给儿童吃了糖,再给他吃巧克力,吃完后问儿童"你刚刚吃了什么"。如果儿童只回答"糖",我们可以使用视觉提示等方法继续引导儿童说出"巧克力"。接着,带儿童做一些其他活动,拉长时间线,然后再问他"你刚刚吃了什么",引导他回答"糖和巧克力"。

以去游乐园坐旋转木马为例,在玩的过程中,我们与孩子进行沟通,"我们在坐旋转木马""旋转木马很好玩"等,并拍下照片或视频。回到家时,妈妈先跟爸爸复述"我们今天坐了旋转木马",然后奶奶来问"你们今天在游乐场玩了什么呀?",这时我们可以把拍的照片或视频拿给孩子看,并引导孩子说出"我们在游乐场坐了旋转木马"。最后,我们可以提醒孩子主动去和爷爷去分享"我们在游乐场坐了旋转木马",这时爷爷要给予表扬和奖励,提高孩子主动分享的乐趣。

112. 2岁还不会叫爸爸妈妈，是不是语言发育迟缓

1岁半儿童的语言发育水平应该能够说出大约10个左右的字词，并且有意识地指物，有意识地叫爸爸和妈妈。此外，他们还应该能够独走自如、会扔球、会拿笔乱画、可模仿画线、可搭高4块积木等。如果儿童在2岁时还不会叫爸爸妈妈，家长要引起重视，需要到专业机构进行评估或筛查，以确定是否出现语言发育迟缓情况。语言发育迟缓是指儿童在语言和交流方面的发展相对滞后，如果是单纯的语言发育迟缓，家长可以在专业的医生和康复治疗师的指导下进行家庭治疗，大多数儿童可能会追赶上正常的发育里程碑。

如有明显落后，即2岁时还不会叫爸爸妈妈，或者儿童还没有主动语言发育，这也可能是孤独症谱系障碍或智力发育障碍的早期临床表现，这些严重的致残性疾病可能会对儿童的语言发展产生严重影响。可以带孩子到有诊疗资质的妇幼保健院或综合医院的儿童康复科就诊，进行全面的发育评估。同时建议到专业的康复机构尽早进行康复训练，尽可能减少语言发育迟缓对儿童身心发育的严重影响。

113. 说话断断续续语句不连贯要如何训练

孩子说话断断续续可能是呼吸方式异常、呼吸与发声不协调导致的，可以通过锻炼呼吸功能改善此种情况。可通过让孩子深吸气后，缓慢平稳持续地发"a"音，以提高儿童说话时对气息的控制能力；也可以通过吹气球、吹泡泡、吹悬浮球等游戏训练孩子的气息，从而为儿童的言语提供稳定持久的呼吸支持（图21）。

图 21 吹气训练

孩子唇齿不协调、口腔的转换困难、字词之间的转换困难也可能导致孩子说话含糊、断断续续,可通过口唇的按摩,做展唇、圆唇、弹舌练习,进行口唇协调运动,锻炼舌的灵活性,感觉统合训练等方式,训练孩子唇齿协调。

想让孩子说话更连贯,丰富家庭和社会交往的语言环境也很重要,多让孩子讲故事、多表达儿童周围发生的趣事,多用开放式提问促进患儿主动表达,如用"今天宝宝想去玩什么?"代替"宝宝今天想玩滑滑梯还是荡秋千?"与孩子对话时需要放慢语速,孩子回答时也需要提醒孩子慢慢说,培养孩子说话的节奏、频率,培养自信;家长在跟孩子进行语言相关的活动时也需注意完整的语言信息输入。

114. 孩子不会使用人称代词怎么办

人称代词是儿童语言不可缺少的一部分,是使用频率相对较高的词汇,人称代词具有概括性和相对性,随着说话环境和说话角色变化而不断变化,人称代词的掌握与否与儿童的认知能力及语言运用能力有关。想让儿童学会正确使用人称代词,重要的前提是让儿童具备一定的认知和语言理解能力。一般而言,普通发育的孩子在3岁时已经能使用"你、我、他",但在使用的过程中有可能会出现错误。有些儿童为了避免出错,会使用名字或称呼来代替,比如儿童可能会说"××(小朋友的名字)的玩具""××(小朋友的名字)不要喝水""这个给妈妈"。到四五岁时就不再会经常出错了。

人称代词的习得需遵循一定的顺序,训练时按照先掌握第一人称"我",再掌握第二人称"你",最后掌握第三人称"他"的顺序进行。人称代词的教学中,家长要注意改变沟通习惯,创造代词环境,在日常生活和教学过程中我们通常习惯于用"把××给妈妈"这样的方式和孩子沟通。为了给孩子创造好的语言环境,首先要做的就是改变我们的沟通习惯,在日常和孩子的沟通中"我"代替特定称呼,如爸爸、妈妈等,主动给儿童做示范。其次,儿童在进行表达需求时尽量让儿童使用人称代词。最后,进行场景泛化-延伸表达,让儿童学习到的内容运用到日常生活中去。

115. 如何引导孩子从无意义的发声到有意义的发音

在幼儿语言发展的关键时期,良好的发音能力是语言表达的基础。以下是几种有效的幼儿说话发音训练方法:

(1)良好的听辨能力:孩子具有良好的听觉辨识能力,可以帮助他们理解语音及语调。因此,家长可以在日常生活中通过读故事书、唱歌等方式来提高孩子的听辨能力。

(2)观察、模仿口型:孩子需要学会观察、模仿正确的口部动作以帮助更好地理解语音的产生过程,家长可以通过示范、模仿、手势等方式帮助孩子学习(图22)。例如:可以准备

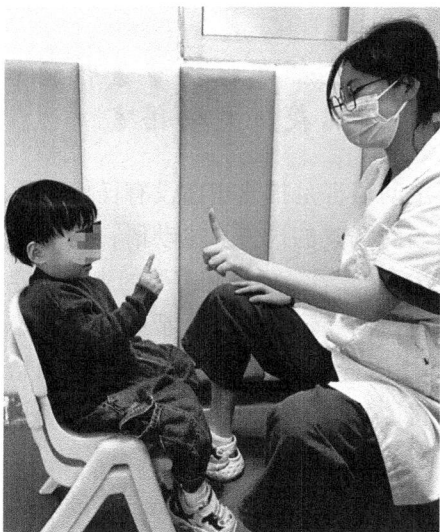

图22 手势模仿

几个简单、常见的单音节 "ba、ma、bao" 等, 口部做夸张的发音配合有趣的动作, 当孩子做出动作, 家长及时进行配音并回应, 练习多次, 孩子对此音节的声音以及口部动作印象也就深刻了。

（3）声音模仿练习: 家长可以通过模仿、角色扮演等方式帮助幼儿练习发音。例如, 可以模仿动物的叫声, 或者扮演不同物品及卡通角色等, 让孩子尝试跟着模仿, 以帮助促进发音。

（4）语音游戏: 与孩子玩语音游戏不仅能增加幼儿的兴趣, 还能练习听辨能力和语言能力。例如, 可以玩 "猜词游戏", 让孩子听一个单词的发音, 猜出后并指出正确的卡片或实物。孩子有效的发音训练需要家长的耐心教导和指导, 通过以上方法, 以期可以更好地帮助孩子提高发音能力, 表达自己。

116. 孩子一直都是模仿重复性语言，怎样才能获得主动语言

所谓的主动语言是指儿童在没有任何提示的情况下主动说出符合当时场景的语言。主动语言的出现主要是要结合当时的表达动机,语言环境和需要的表达内容。因此首先要解决的是动机问题。我们可以帮助孩子建立表达动机的基本模式:实用语言传递要求信息—他人的信息反馈—自己的要求得到满足,通过练习以此来不断地提高孩子语言学习的动力,激发说的愿望。其次是丰富语言学习环境,让孩子多听,多频少次的重复输入,丰富语言信息。制造一个有声语言模仿的环境,让孩子有意无意地听,从而接受大量的语言刺激,丰富语言的信息量,比如唱儿歌、讲故事等。另外一个方面是表达内容,孩子要先明白自己要说什么,这个就需要一定的认知能力,父母给孩子做训练时可以从基础认知能力开始。例如父母在给儿童做家庭训练时需要孩子说出图片物品和动作的名称,然后过渡到多个相关物品或动作的图片的名称,儿童最好能描述出图片上的人在干什么活、发生什么事儿;接下来要训练孩子描述图片包含的多个人物、物品或动作的复杂图片;最后要训练孩子描述环境中各种事物。

我们也需要有计划地提升孩子描述复杂场景的能力,可以通过拍摄一系列复杂程度不同的照片给孩子看,逐渐增加照片上场景所包含的物品和动作的数量,让孩子进行描述。此外,读绘本故事,在孩子理解了绘画故事里面的内容,家长针对故事提出问题,对孩子进行对答训练,问题从简单到复杂,循序渐进,这种主题的对话,能逐步培养孩子的对答能力,提升语言思维能力。在日常生活中,家长要学会抓住自然对

话情景,把握孩子的语言动机,训练孩子的模仿能力,让孩子慢慢地学会主动说话。

117. 孩子看不懂绘本怎么办

首先,要挑选合适的绘本。挑选的绘本要符合儿童的能力和心理特点,不能只按"年龄"来给孩子选绘本,也不能因为"我觉得这个绘本不错"就塞给儿童读。然后,找到儿童感兴趣的东西(如动物、交通工具、食物、植物、职业等)、偏爱的色彩、喜欢的活动(吃东西、出去玩、坐车、做家务等),甚至书本的大小等因素,我们都要考虑进去。尽量去找那些很直观、很贴近生活的绘本。绘本的画面内容不要太多,要贴合孩子的认知能力(图 23)。

然后,要学会精读绘本。首先讲的过程中肢体动作丰富、表情夸张,还可以和孩子一起发挥想象力,让故事更加有趣。除了有趣,分阶阅读也同样重要。根据孩子的理解水平设定合适的认知目标来帮助孩子阅读。以《好饿的毛毛虫》为例,

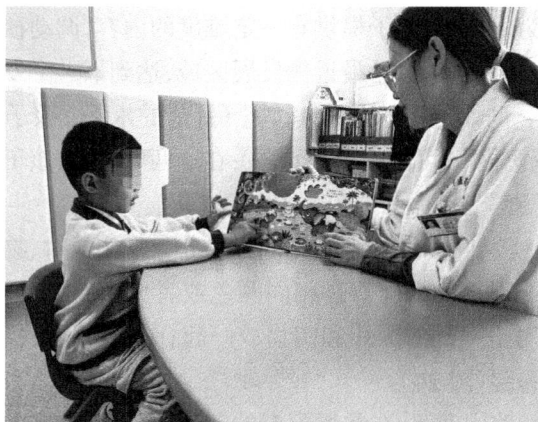

图 23　阅读绘本

第一阶段:识别名词、动词。我们可以看图解说"毛毛虫,头,身体、触角、扭动",并可以搭配一些手势辅助表达。第二阶段:数的概念、形容词。我们可以主要讲解"圆圆的、红色的脑袋,绿色的、长长的、毛茸茸的身体。"以及"一起数数看1、2、3"。第三阶段:简单逻辑思考。当孩子的认知水平提升到理解大部分内容时,我们可以通过与孩子进行提问和回答的方式引发孩子思考。帮助孩子理解故事整体(如"这只毛毛虫怎么了"),帮助孩子串联故事情节(如"他先做了什么""后做了什么"),帮助体验角色情绪的问题(如"当时,他是什么感受和心情"),帮助思考的问题(如"如果你是××,你会怎么做")。

118. 大小、颜色和形状的概念家长该如何教

儿童对大小、颜色和形状的概念属于基础认知能力发展的范畴,对发展孩子的语言理解和表达的发展非常重要。那么家长可以这样教:

(1)了解孩子的最近侧发展区域:我们要以孩子最近的发展区为中心,给孩子提供有一定难度的内容,调动孩子的积极性,练习并超越自己最近侧发展区域,达到下一个发展阶段的水平。例如:孩子会叫"妈妈"(目前的水平);孩子要学会"我要妈妈抱"(可能的发展水平);在这两阶段中,孩子要先学会"妈妈抱",这就是最近侧发展区域。

(2)教导配对:配对的类型可以分为物物配对、物图配对和图图配对。物物配对是相同颜色或者大小的物品放一起;物图配对是一样的图片和实物放一起;图图配对是相同的图片放在一起(图24)。

(3)教导理解:在掌握配对的基础上,进行物品的选择训练,例如:红苹果是已经掌握的,紫茄子是不认识的,把它们放

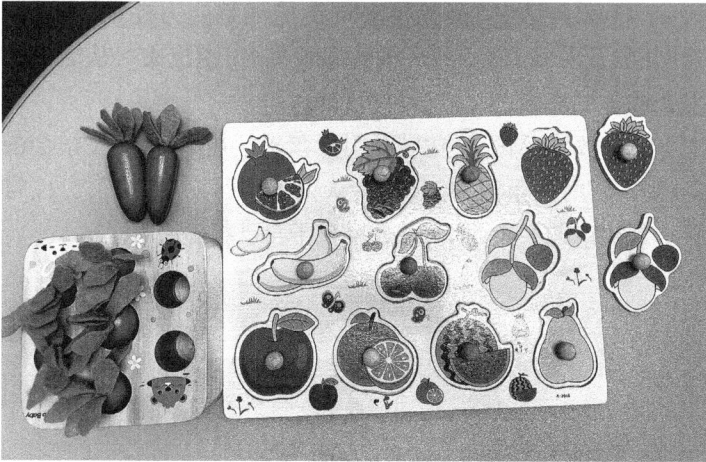

图 24　配对

在一起,让孩子去拿或者指出红苹果,加深对红苹果这个词汇的认识(图 25)。

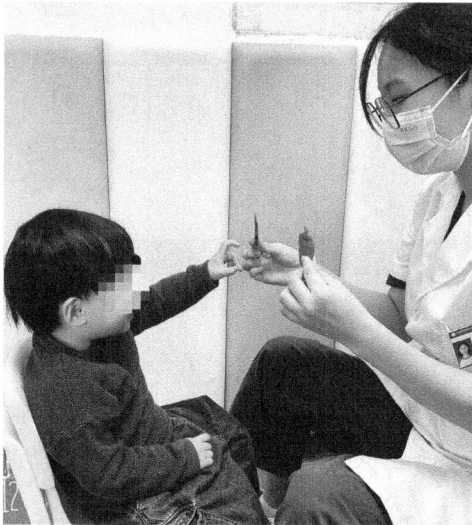

图 25　理解

（4）教导表达：当孩子对词汇的理解能力提高，通过图片、儿歌及游戏，鼓励孩子模仿家长发音，说出来。从简单的发音或叠词开始，慢慢进行口语表达。

（5）教导泛化：泛化就是引导孩子把在"课堂上"学会的"技能"使用在生活中。例如：认识了圆西瓜后，家长可以带孩子到超市购买圆西瓜，并鼓励孩子自己找出来（图26）。

图26 泛化

119. 孩子会唱数但是学不会按数取物，怎么办

按照认知发展的进程,普通儿童学习点数要经过唱数、手口一致点数、报总数、按数取物几个阶段来进行。我们可以按照正常的发展规律来逐步教导儿童来进行数概念的学习。

(1)手口一致点数:家长可以准备一些一样的教具(如积木、雪花片、汽车玩具等),把它们依次排列,采用完全辅助或家长示范等方式、按从左到右的顺序用手指依次点数。家长要及时更换不同教具来进行反复练习,逐步从点数2扩展到更多数字。

(2)报总数:当儿童能熟练进行手口一致点数时,我们可以让儿童进行报总数。我们可以利用视觉提示法来进行引导,比如一共要数5个积木,在儿童数完1-2-3-4-5时,把写有数字5的卡片放在旁边,在卡片的提示下说出5个。接下来可以把卡片反过来,不让孩子看到里面的内容,只保留提示作用,最后把卡片撤掉。另一种是重音重复法,在孩子数到最后一个数字时,家长在最后一个数字时加重音,帮助孩子理解最后一个重音的数字就是总数。

(3)按数取物:按数取物就是让儿童拿出对应数量的物品,给家长或者放到指定位置。我们可以结合游戏的方法,让儿童熟练掌握数字与数量。推荐一种小朋友都很喜欢的游戏小火车拉货物:在小火车的每一节车厢上贴上数字,家长与小朋友一起做给火车装货的游戏。比如"我们给1号车厢装上一颗苹果""给2号车厢装上两只小猪"。建立数字与数量的对应关系。

120. 孩子发音不清楚需要干预吗

很多小孩四五岁了,"哥哥"说成"呵呵","上床"说成"上船",说的话别人常听不懂,这就是大家常说的构音障碍。构音障碍是临床最常见的儿童言语语言障碍类型,主要表现为说话时吐字不清,不能正确发出某些语音,导致不同程度的交流障碍。构音障碍分为功能性构音障碍和器质性构音障碍。功能性构音障碍以4~6岁儿童多发,患儿构音器官的解剖结构及功能检查均显示正常,无听力、智力明显障碍,但患儿讲话时发音不清,出现替代音、省略音或扭曲音等构音错误。器质性构音障碍为生理结构组织受损或发育异常(包括唇裂、腭裂、腭咽闭合不全等)导致的构音障碍,或因为听力障碍导致的言语不清。

不论是哪种类型的构音障碍,都建议到专业、正规医院和康复机构先完善言语、构音评估,明确存在的问题,制订个性化的训练计划,及时言语干预。因为儿童构音障碍不仅是发音不清晰的问题,严重的话还会影响到孩子的语言沟通能力,导致孩子和他人交流困难,失去表达欲望,产生社交障碍,还会影响孩子的学习、日常生活;更有甚者,部分孩子因此产生自卑等不良情绪从而导致心理疾病。所以家长对孩子发音不清楚一定要引起重视,尽早干预。

121. 如何在家中训练说话不清晰

说话不清晰(构音障碍)训练适用于功能性构音障碍和部分器质性构音障碍,家长在家可以按照指引,尝试进行以下治疗方法。

(1)姿势准备:调整坐姿,尽可能取端坐位。

（2）松弛训练：颈肌放松，全身放松。

（3）舌操：锻炼舌的肌肉力量、感知觉、灵活度，以及舌与口腔唇齿之间的协调性。包括：前后伸缩运动、上下运动、左右摆动、抵腮运动、转动运动、抖动运动、卷舌运动、抵腭运动、咬舌运动。

（4）唇部运动：锻炼唇部的各肌肉力量、感知觉、灵活度，以及唇与口腔舌齿之间的协调性，从而发出不同的音素。包括：张口练习、圆唇运动、展唇运动、圆展交替运动、双唇闭合运动、唇齿运动、鼓腮、吸腮训练。

（5）呼吸训练：坐位：家长站在儿童身后，双手置于孩子第11、12肋，令其自然呼吸；仰卧位：家长站在儿童的一侧，挤压时（第11、12肋）要向上推、向内收。

孩子的日常生活中，咀嚼、吞咽等都需要口部肌肉的协调运动。家长可以在日常生活中以有趣的形式训练孩子的口肌能力，包括被动运动训练、主动运动训练、主动或抗阻训练。

122. 孩子刚会说话总是大舌头，怎么办

把"哥哥"说成"dede"、"西瓜"说成"七瓜"、"飞机"说成"灰机"……生活中，有些孩子说话咬字不清楚、发音不清晰，家长会认为孩子是"大舌头"，其实，在医学上来看，"大舌头"是一种常见的"构音障碍"，常表现为发音不准确、咬字不清楚，以及音调、节律异常或说话结巴、口吃等。

不同声母是随着儿童的生理年龄发育而逐渐掌握的，我们在家里可以按照这个发育顺序去引导、纠正儿童的错误发音。此外，还要鼓励儿童多说话、多表达，促进儿童的学习和自我纠正。在日常交流的过程中，如果发现儿童有发不清楚的音节，要给儿童正确的示范，引导儿童去纠正。另外，在家

庭喂养中,要鼓励儿童进食时多翻咬、多咀嚼食物,这会促进儿童口腔肌肉的力量、协调性、灵活性的发育,也会改善儿童的构音问题。

123. 孩子说话不清楚,就是构音障碍吗

构音障碍常表现为发音不准确、咬字不清楚,音调、节律异常或者说话结巴、口吃等。孩子说话不清楚,不一定是构音障碍,还需要鉴别以下两种情况。

第一,与语言发育迟缓鉴别。语言发育迟缓的儿童表现为语言理解能力较差、说话较晚或者说话较少,同时可能伴随一定程度的发音不清楚,说话断断续续、不清晰。如果孩子说话不清楚,同时还伴有一定程度的语言发育迟缓,家长要及时带孩子到医院就诊。第二,与孤独症谱系障碍鉴别。孤独症谱系障碍的核心症状主要表现为语言障碍、社交沟通障碍和不恰当的重复刻板行为,其主要症状会导致儿童在语言方面出现不清晰的发音、不恰当的语言重复、异常的音调、不流畅的对话等,这些问题与构音障碍相像,但在孩子的外显表现上是有明显的区别的。如果察觉孩子有以上症状,也需要尽快就诊,进行康复评估和治疗。

124. 孩子为什么总是流口水

流口水是一个常见的儿童发育现象,特别是在婴儿阶段和换牙期。然而,如果孩子的流口水过多,持续时间过长,就可能需要家长们的关注和理解。首先,我们要了解为什么孩子会流口水。口水的产生是身体正常的生理过程,它有助于消化和保护口腔健康。对于孩子来说,他们在换牙期,尤其是婴儿期,唾液分泌会增加,同时由于他们的口肌控制能力还在

发展中,更容易流口水。

但流口水过多可能提示孩子的口部肌肉控制能力发育有问题。可以采取口腔肌肉力量和协调训练,例如唇、舌、下颌的训练来帮助孩子增强口部肌肉的力量和耐力。同时使用棉棒或者海绵刷帮助孩子提高口部周围和口腔内部的感知觉,让孩子更容易的感知到口水的流出,也可以帮助他们更好地控制唾液。

125. 孩子不合群,不爱和小朋友一起玩,怎么办

孩子不爱和小朋友玩,不爱社交,这个时候要综合评估孩子发展水平,尝试找到原因:是存在自卑心理不敢和小朋友玩,还是不知道怎样表达,缺乏社交技巧;是否有注意力不集中、多动和冲动的表现。可以综合评估一下这个时候孩子的能力,做一些相关的检查"对症下药",也可看一看以下建议:

(1)孩子不合群一般与从小习惯养成有关系,有的孩子性格内向、比较胆小,或者从小孩子的每件事情,都由父母或者长辈代为操办,影响了孩子独立性格的形成。如孩子与同龄儿童出现不合群的情况,会影响其适应社会大环境和学习、生活的进度,让孩子的性格变得古怪、难以相处。

(2)在与孩子沟通的过程中,家长应积极帮助制造良好的互动氛围,多让孩子跟同龄孩子沟通交流,不要过多的干预与同龄孩子之间的相处,多引导孩子与小朋友相处的方法,建立孩子的独立性,同时多带孩子出去游玩,多接触外界的环境或沟通伙伴,学会多跟孩子进行互动沟通,这样慢慢孩子就会合群了。

(3)孩子表达能力不好,会影响社交互动,表达能力是建

立在理解认知能力上的,如理解认知能力落后于同龄儿童,会导致无法准确表达其互动交流的意愿。此时,家长应重点提高儿童的词汇量、基本认知概念等,泛化运用到表达中,逐步提高孩子的社交技巧,使其回归集体生活。

126. 如何与孩子进行互动性的沟通

有效地互动性沟通是语言康复中非常重要的一个环节,也是最终的目标之一。沟通是双向的,有效的互动沟通需要:

(1)抓住孩子的注意力:利用游戏活动引入孩子感兴趣的素材,跟随他的兴趣参与活动,用简短的短语和单个词语解说他的活动,这有助于增强孩子的社交沟通动机。

(2)让孩子感受到互动的乐趣:家长利用好玩的游戏来让孩子感受到笑容和快乐,可以在游戏活动中增加有趣的新内容,注意说话的语音语调,夸张幽默,也可在游戏的"重头戏"时故意停下,等待孩子反应,创造沟通的机会。

(3)建立来回的互动模式:来回的互动模式也可被视为共同活动。可分为4步:第一步,任意一方选择一个玩具并开始玩这个玩具;第二步,一方做出动作,双方相互模仿,建立活动主题;第三步,在"旧"游戏中加入新的要素,使活动发生变化;第四步,当孩子对活动的兴趣减退时,就是时候开始另一项活动了,应该立刻结束现在的活动。

(4)引导孩子与他人分享自己的兴趣:家长可以教孩子把物品给你,例如展示一个孩子无法打开并装有孩子喜爱物品透明容器,创造孩子"求助"的沟通机会(图27);教孩子向你展示这个物品,例如当孩子拿着物品时,你热情的关注就是对孩子展示物品的奖励。

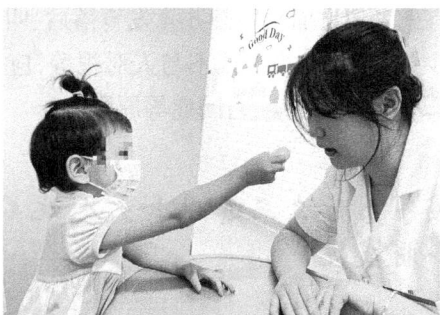

图27　沟通机会

127. 孩子喜欢自己玩，和爸爸妈妈没有互动，怎么办

常有家长咨询"为什么我家宝宝总是自己一个人玩，嘴巴里不知道在说些什么，就是不喜欢和我们玩？"家长不必过度焦虑，儿童的社交游戏发展普遍遵循着一般规律。1岁前儿童多为沟通式游戏，用声音或笑容进行沟通互动。1~2岁时，儿童发展进入独立游戏阶段，常喜欢以自我为中心，独自进行游戏，感到快乐。2~3岁时，儿童多进行平行游戏，可与其他儿童进行类似游戏但是各玩各的，几乎没有交谈，偶尔会有目光对视。所以在儿童3岁前，对于与人互动不是特别感兴趣，比较喜欢自己一个人玩是比较正常的。但超过这一年龄段，还与爸爸妈妈没有互动的话，就要及时干预了。

多陪伴儿童与其他儿童一起参加活动，在活动中与其他儿童合作完成游戏，锻炼社交能力。与儿童一起定期接触大自然，在自然环境中，释放天性放松身心。给儿童充分选择的权利，拒绝包办儿童所有事宜，如儿童今天想要穿什么衣服、想先拿快递还是先去公园等。与儿童共同阅读绘本，在绘本中习得相关知识，引导儿童如何与人相处。若儿童合并其他问题,如语言或其他方面较同龄儿童发育落后、叫儿童的名字不理睬、很少或不说话、很少或不与人对视等,应及时前往专业机构咨询,排除发育迟缓、自闭症等原因。

128. 孩子为什么只喜欢和大人玩不和小朋友玩

在儿童成长的过程中,发展与同龄小伙伴之间的社交能力是非常重要的,但我们仍会发现有很多小朋友与同龄小伙伴相比,更喜欢和大人玩。出现这种现象也是正常的,因为儿童在与大人玩的时候,家长会按照儿童的想法以及意愿来配合其完成游戏,在儿童遇到问题后会主动帮助儿童解决问题,也避免出现一些矛盾和冲突,在整个游戏过程中儿童的感受是轻松和愉悦的。如果儿童想要一个物品,部分家长可能因为儿童哭闹就会立即满足其要求,然而与同龄小伙伴玩时,可能会出现争抢玩具、打架等问题,儿童会因为无法解决问题而出现逃避与同龄儿童进行正常社会交往。

如果这些小朋友的社交发展受到阻碍,可以如何改善呢?家长要鼓励儿童与同龄小伙伴一起玩,在遇到可控的小问题时,不要冲在一线维护帮助孩子,降低孩子解决问题的能力,可以在孩子寻求帮助时,引导孩子找到解决问题的方式。如果儿童遇到他人争抢玩具时,可以让孩子学会向老师寻求帮助,并使其意识到哭闹解决不了问题。在生活中还会遇到较多类似的问题,家长需做好引导工作,帮助儿童以积极的方式解决问题和冲突,帮助其建立积极的社交方式。

129. 孩子不喜欢和其他小朋友玩怎么办

对于孩子来说,交往活动是在游戏中开始的,可以说游戏是他们进行社会交往的起点,玩具是游戏的媒介。孩子不喜欢和其他小朋友玩,家长可以这样做。

(1)家长可以创造一些孩子与其他小朋友接触的机会,可以先从熟悉的孩子开始,可以约上朋友带着孩子到家里做客,或者一起外出游玩。在玩耍的过程中,引导孩子主动分享自己的玩具、零食等,友好的行为有助于拉近孩子之间的关系。

(2)在孩子玩耍时,家长可以提醒孩子注意其他孩子正在做的事情,如可以指着其他小朋友对孩子说:"看,他搭的积木好高啊!"让孩子观察、模仿对方的操作。

(3)在游戏过程中需要分享、协商、谦让、轮流、交换时,引导孩子使用语言来表达,如,孩子想玩小明的拼图时,可引导他对小明说:"小明,我的拼图拼好了,可以跟我换一个拼图吗?"(图28)。

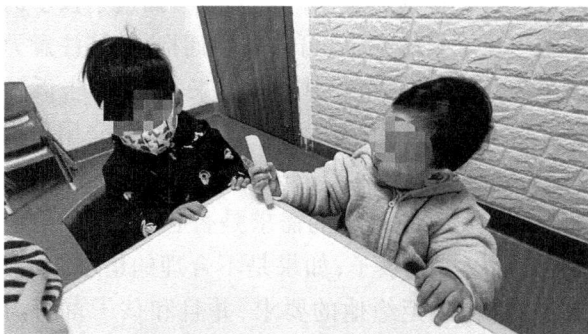

图28 分享玩具

(4)当孩子可以注意到他人行为时,还可以引导孩子注意并理解其他孩子的情绪,如发现东东的玩具坏了,可以跟孩子说:"看,东东的车车坏了,他好伤心,我们去安慰一下他吧,好吗?"。

如果家长经常这样做,孩子就能慢慢注意到其他小朋友的行为并且理解他们的情绪。当孩子在与其他小朋友一起玩耍的过程中获得越来越多的乐趣时,他们就会逐渐增加交往的主动性。

130. 孩子得不到满足就哭闹怎么办

孩子经常哭闹实际上是一个非常常见的问题,很多家长会觉得孩子的哭闹是不对的,代表着孩子调皮、不懂事,会严厉地批评孩子,制止孩子的哭闹:"别哭了!",但常常适得其反。其实,面对孩子的哭闹,我们要做到两点。

(1)理解孩子的诉求,给予适当回应。对于语言尚未发育完全的孩子,不能够在每一次有需求的时候都及时和准确地用语言表达出"我想要……",这个时候,很多孩子会选择比较简单直接的方式,那就是哭闹。所以我们要知道孩子需要什么,是玩具、食物还是出门玩耍呢? 知道了孩子的目的我们要先让孩子安静下来,可以采用拥抱、转移注意力等方式让孩子先从哭闹的行为中冷静下来,然后再告诉孩子正确的表达需求的方式,比如用语言直接说出来、用手指指出来等。

(2)我们要判断孩子的需求是否合理,如果是合理的请求,那么可以满足孩子;如果是不合理的请求,我们可以接纳孩子的情感、拒绝他的要求,并且和孩子重新沟通或者重申规则。比如,孩子喜欢在床上蹦跳,家长可以先接纳孩子的情绪:"我知道你喜欢在床上跳来跳去,因为这样特别好玩是吗?"然后,重申规则:"但是床是用来睡觉的,不是用来跳的,你可能会跳下来受伤。"最后,我们可以重新和孩子沟通:"如果你喜欢蹦蹦跳跳,我们可以去弹力垫上跳"。

131. 孩子一直很兴奋坐不住,喜欢走来走去,怎么办

安坐是孩子学习和培养专注力很重要的一个环节。安坐也是语言前技巧中的一种,孩子只有能安静地坐下来,才会关注到周围的活动和物品,进而参与活动。如果发现孩子坐不住,家长要及时找到原因,并做出相应的调整。一般来说,还没上学的小孩子还不懂规则,小孩子坐不住也是很正常的。那面对这样的孩子,家长应该如何引导呢。

(1)注重培养孩子的专注能力:可以选择亲子绘本等,在阅读的时候可以用一些夸张的语气和表情来逗孩子,并引导孩子一起想象、推测故事情节和人物心理感受等,以此来锻炼孩子的专注能力。此外,还可以通过一些玩具来培养孩子的专注力,如拼图、太空沙、积木等,可以在玩的过程中锻炼孩子的耐性,逐渐让孩子能够坐得住。

(2)建立规则意识:孩子较小的时候并不懂什么是规则,如果没有加以引导和约束,就会养成不好的习惯。因此,要从孩子懂事起就帮助孩子建立规则意识,约束自身行为。比如,饭前便后要洗手,玩具玩完之后要整理好放回原处,要把衣服、鞋子放在指定的位置上等。

(3)多进行户外活动:多带孩子去户外走一走,看一看,多与大自然接触,这样不仅能让孩子的精力释放,还有益身心健康。

待孩子的专注力有一定提升,规则意识也建立起来了,精力也得到了适当的释放,自然就能够坐得住啦。

132. 孩子一哭就停不下来怎么办

当孩子不停地哭,家长首先需要查看孩子是不是饿了、渴了、太热、太冷、疼痛、尿床了、害怕或生病了等,家长应及时解除孩子的不适和痛苦,给予安慰。当排除以上这些情况,孩子还总是一哭就停不下来,家长可以尝试以下方法:

(1)采取转移注意力的方法,比如孩子哭闹时,突然拿出一个有趣的玩具,孩子被吸引住了,就会慢慢安静下来。

(2)对于孩子不合理的要求,家长可以拒绝,尝试对孩子的情绪进行冷处理。在孩子哇哇大哭时,跟孩子讲道理是行不通的,家长应该保持冷静,先将孩子带到一个安全、安静的地方,在确保孩子安全的前提下,避免跟孩子有过多的眼神接触,等孩子情绪逐渐稳定了,妈妈才开始与孩子交谈和"讲道理"。这样,孩子才能从这些经历中逐渐明白事理和学会调整自己的情绪。

(3)当孩子情绪低落,无法调整自己的情绪时,家长可以去采取正面管教的方法。首先表达对孩子感受的理解和同情,然后告诉孩子你的感受,最后帮助孩子一起解决问题。

(4)尝试采取强化的方法,当孩子可以调整自己的情绪时,要给予及时的强化。当孩子自己停止哭闹时,家长可以对孩子进行奖励,如给孩子一个微笑、一个拥抱,或者一个小零食,只要是孩子喜欢的奖励都可以。

133. 孩子喜欢打其他小朋友怎么办

很多家长都有一个这样的烦恼,宝宝跟别的小朋友一起玩的时候总是出其不意的就给对方一拳,更有甚者会故意打经过身边的不认识的小朋友。其实想解决打人这个问题,首先应究其原因,宝宝为什么打人呢？通常来说,原因可能有以下几种情况。

（1）宝宝可能想跟其他小朋友玩,但是由于表达能力不足不懂如何开启社交,只能通过"打人"的方式来开启。

（2）宝宝是在模仿,年龄较小的孩子没有辨别是非的能力,打人的动作很有可能是在模仿电视、同龄小朋友,甚至是家长的行为,他们本身意识不到这其实是不好的行为。

（3）打人当然也有可能确实是宝宝发脾气的一种表现,对于小朋友特别是 3 岁以下的小朋友来说,他们缺乏情绪控制的能力,遇到不如意的事情,首选就是通过哭闹或打人的方法来释放情绪。

知道原因后家长就比较好解决问题了。首先,提高宝宝的理解表达能力,帮助他建立社交规则,怎样和人打招呼、怎么向小朋友发出邀请、怎么分享、怎么拒绝、什么情况下应该道歉等。其次,避免让孩子观看不合适的动画片或节目,当然更重要的是家长们要以身作则正确控制自己的情绪,父母永远是孩子最好的老师,如果孩子一做错事就对其"拳打脚踢",那么孩子看见别的小朋友做了他觉得不对的事情,自然而然也会用暴力的方式解决。同时,家长可以适当运用一些绘本或情景演练的方式来加强宝宝的是非观念,让他们知道什么事情是正确的,什么事情是错误的绝对不可以做的。最后,宝宝出现情绪失控打人的情况时,放任不管肯定是不对的,及时制止、帮助冷静、耐心劝导、和他一起寻找办法解决矛盾冲突,甚至适当惩戒比如暂时没收他的玩具等都是积极干预的方式,家长可以多多帮助宝宝学会调整自己的情绪,让宝宝学会对自己的行为负责（图 29）。

图29　教导"分享交换"

134. 孩子不在外面上厕所怎么办

　　有一个现象特别常见,孩子在家明明可以自己上厕所了,但是在外面家长还是给他们穿着厚厚的纸尿裤。一问原因,原来是孩子情愿憋得小脸通红,急的哇哇大哭也不愿意在家以外的地方上厕所,家长们无奈只好给他们重新穿上纸尿裤。当出现这种情况时,家长们不用过于苦恼,因为并不是完全束手无策,首先我们得先弄明白孩子不愿意在外面上厕所的原因是什么。

　　绝大多数原因是因为孩子不适应陌生的厕所环境,孩子从出生开始基本都是在家如厕的,熟悉的环境能给他们带来舒适的安全感。但是到了外面,不管是幼儿园商场还是医院的厕所,就算布置的很温馨,于他们而言也是陌生的环境。特别是对于孤独症儿童,微小的差异比如不一样的厕所味道、不一样的自动冲水器的声音、不一样的厕所隔间等,都可能会让他们产生焦虑与不安,在这种压力下自然就会出现不愿意进入陌生厕所或排泄不畅的情况。家长们应该多带孩子到不同的场合熟悉不同的如厕环境,刚开始不要强迫他马上接受新环境,可以借着自己上厕所的机会用生动有趣的表情和语气多跟孩子介绍,模拟一些有趣的声音,比如自动冲水器哗哗的声音、数一数一共有多少个隔间等,帮孩子逐渐克服害怕紧张的情绪。

如果孩子的理解能力不错,可以提前预设,或者利用一些绘本故事让孩子正确看待上厕所这件事。当然,适当的正面回馈和鼓励很重要,要多多利用言语表扬、玩具奖励、行为支持,切忌打骂。总之,每个小朋友不愿意在外面上厕所的原因都是不一样的,家长们要耐心了解背后的原因,然后才能对症下药去解决问题。

135. 孩子理解一些事情不能做,但到实际环境还是做一些不合适的行为,怎么办

发育迟缓的儿童,通常会出现语言、社会交往等方面的明显缺陷,除了表现为不愿意或不能正确跟同伴交往,还会在社会交往中出现一些不能为大众所能接受的行为,如不会根据社交场合调整自己的行为,就算能辨别是非,依然不会运用到实际生活中,以至当众做出令人难堪的事,或者说一些很直接的话,使父母和他人感到尴尬,也影响了孩子社交的发展。如果有这些情况,我们建议如下。

(1)帮助儿童树立符合社会大众能接受的规则观念和规范的行为:由于儿童对社会的规则、规范不理解而出现的与社会不相适应的行为,如在公众场合直接脱裤子大小便,当需求没有得到满足时持续数小时哭闹、滚地板、尖叫等。一旦出现这种行为,家长就要阻止儿童,同时用坚定的语气

告诉他："不行,不可以！"等,使其逐渐明白"不行"是严格禁止的。

（2）培养儿童符合正确社交规则的行为:当发现孩子出现不合适的行为,家长应收集问题,分析原因,制订相应的目标和计划进行训练,以增加儿童符合社会大众的行为,如情景模拟商场购物、社交故事训练等。另外,当孩子做对了,家长可以巧用"代币法"强化孩子正确的行为。

136. 孩子在家就是小霸王怎么办

孩子在家就是小霸王,很大一个原因是家里有人对他无底线的宠溺。因为自己一次的"霸道"得到了满足,所以下次遇到同样或者相似的问题,自己再一次的"霸道"就好了。因为得到了满足,长此以往,孩子就会把哭闹、撒泼打滚当成"武器",来达到自己的目的。这时候我们家长应该怎么做呢?

首先,统一原则不妥协,尤其是家里有长辈一起生活的家庭,在主要以长辈照看孩子为主的家庭中,父母平时要多和长辈沟通,家人对待孩子的态度要尽可能保持一致。要让孩子知道所有事情都是有规则的。小朋友有不合理的要求和霸道行为的时候,家长应该把孩子放在一个安静的地方,但在大人的视线范围内,不理睬他的哭闹行为,如宝贝在家里大发脾气,可以尽快将他带到另一个安静的房间,不理睬他,让他独自待上一两分钟。等情绪稳定之后再和孩子沟通,并解释这种行为是不对的,应当怎么做。千万不能采取顺从忍让或者以暴制暴的行为。

其次,家长可以在日常的生活中引导小朋友主动和其他人分享物品,如把自己喜欢的玩具、零食等与他人分享,对孩子的分享行为进行鼓励或者奖赏。

最后，如果家中小朋友出现霸道行为的时候，可以通过转移注意力的方式，如拿出新玩具、旧的玩具玩出新花样、打开电视机放动画片、带着孩子出去走走等分散小朋友的注意力。

137. 孩子一直自言自语怎么办

经常有家长来询问，自家孩子为什么经常对着空气自言自语？有些是不断重复相同的话，有些是说电视上的广告词，有些是自顾自地描述事件发生经过，有些是听不懂的"火星语"，甚至有些孩子只发出声音没有具体内容，仿佛在模拟一些怪兽打架的场景。

首先，关于自言自语我们要有一个明确的认识，不要因为宝宝重复讲一些话就认为是不好的，刚开始会说话的小朋友，喜欢不断重复学会的词组或儿歌。如果是年龄阶段较小还不会说话的宝宝，在自言自语说一些听不懂的宝宝语，他可能只是想通过嘴巴来跟我们交流。我们需要做的是尽可能把宝宝语转变成有意义的语言输出。这些情况都不需要太担心。

但大部分孤独症儿童自言自语的行为都是一种自我刺激，他们通常不受控制且表达的时机和场景都和当下不符，同时很可能会打扰到别人。当儿童出现这种情况的自言自语时，家长应及时打断，尽可能转移他的注意力，比如可以拿出他喜欢的玩具或进行他喜欢的活动，从而中断他自我刺激的行为。同时，我们可以多从教导儿童学会遵守社交规则入手，多玩一些情景模拟的游戏，让儿童理解和分辨什么场合可以用嘴巴说出想说的话，什么场合应该控制一下。

当然,宝宝们自言自语的原因还有很多,或许他想吸引其他人的注意,或许他想逃避某个任务等。最后,建议家长们面对儿童的自言自语,一定要先观察,分析原因,从而针对性地找出解决办法。

138. 孩子天天吃手怎么办

1 岁以前的孩子吃手可谓是好处多多,手眼协调得到了锻炼,可以加快手指功能的分化,能得到安全感,发展智力等。但是如果孩子在两三岁之后,依然有频繁吃手的行为,甚至因为吃手导致口腔发育不良或手指被啃咬破损,家长们就需要及时干预和引导了。

但是急于求成强硬制止或打骂的干预方式都是不妥的。如果分析发现当孩子出现紧张焦虑等负面情绪时会吃手,那么家长们首先要安抚消除负面情绪,同时可以给予一些替代物,比如安抚巾、抱抱熊等安抚玩具来陪伴孩子。我们也可以在孩子吃手时转移他的注意力,比如做些孩子喜欢的活动,和他一起做些手指韵律操,玩一些涂涂画画等需要动手的游戏,从而让孩子在转移注意力的过程中忘记吃手。

另一方面,如果孩子理解力不错,可以多与他沟通,通过小故事告诉他吃手可能让细菌进入嘴巴等危害,让他学会自己克制吃手的行为,当孩子一旦减少吃手时,家长们应及时给予奖励支持,强化他的正向行为。其实,孩子长期吃手除了习惯因素外,心理需求是很大的原因,建议家长们在孩子成长过程中多陪伴,给予他们足够的鼓励和关爱,才是改变吃手行为的根本方法(图 30)。

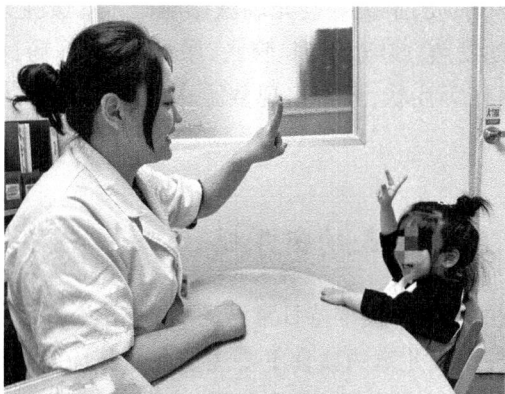

图30　手指韵律操

139. 孩子睡好了吗

　　人每天有约 1/3 的时间是在睡眠中度过的,每天睡觉是自然规律,也是生理需求。对于儿童来说,在不同年龄段每天所需要的睡眠时间不同。年龄越小,所需要的睡眠时间越长,这与儿童生长发育及大脑发育的需求相一致。睡眠不足会导致儿童出现生长发育迟缓、免疫力、注意力、记忆力等多系统功能障碍,并出现行为和情绪等方面的问题,所以拥有充足的睡眠时间是很有必要的。

　　很多家长觉得孩子晚上准点上床睡觉,每天也睡足了 8 个小时,怎么会有睡眠问题呢。其实睡眠的好不好不仅取决于睡眠时间,还依赖于睡眠质量。很多孩子睡得很久,但是第二天起来还是状态不佳,甚至影响第二天的生活学习,这时候就要考虑是否存在睡眠质量的问题了。影响睡眠的因素有很多:①睡眠环境,包括室温、空气湿度、通风、声音及光线;主观因素包括父母的行为、辅导作业时的情绪、家庭的氛围,以及父母对睡眠常识的缺乏等。②电子产品的使用,睡前看电视、平板、手机等蓝光刺激影响睡眠。③生理状态不佳,如出现发热、咳嗽、腹痛、腹胀、尿频、呼吸不畅、食管反流或浑身瘙痒等症状,经常出现梦游、梦呓、夜惊等,均会影响睡眠质量。

140. 孩子营养均衡了吗

儿童的营养不仅维持日常活动的"支出",还要保证身体生长发育,所以儿童的饮食更要注重全面和均衡。有家长就有疑问了,"我孩子已经这么胖了,难道还缺营养吗?"。是的,体重不是衡量营养均衡的标准,营养不良包括营养不足和营养过剩两个概念,体重过轻、过重都不可取。所以在保证食物安全的前提下,可通过调整儿童的饮食结构,来平衡儿童的营养摄入,达到营养均衡。

(1)饮食品种要多样:儿童的膳食品种应当多样化,既有动物性食物,也有植物性食物,即儿童膳食是由谷、豆、肉、蛋、奶、蔬菜、水果类、油脂类及糖等各种调味品组合而成的混合食物。

(2)营养比例要适当:机体对各种营养素的需求量应当有一定的比例,由于摄入人体内的各种营养素之间,存在着相互配合与相互制约的关系,如果摄入某种营养素超量,非但对人体无益,甚至还有害。

(3)摄入数量要定量:各种膳食营养素的摄入量应选定在合理范围内,摄入量过少将产生营养素缺乏症,过高将出现副作用,都对健康不利。

(4)微量元素不可少:根据我国营养结果表明,儿童的维生素 A、钙、铁、锌和碘等摄入不足。若不明确孩子的微量元素水平,或者孩子出现枕秃、鸡胸、异食癖等情况,应及时完善微量元素的测定来调整饮食,必要时药物补充。

141. 孩子不喜欢嚼东西怎么办

孩子的咀嚼能力是逐步发展发育完善的,与口腔小肌肉发育、牙齿的萌出有关,也与大人有意识地训练有关。5个月大的婴儿已开始懂得用牙肉及舌头磨咬食物。6个月大左右,他们开始懂得透过下颚上下和旋转动作,以及用牙齿咬断和咀嚼食物。1岁大的婴儿已能咀嚼半固体和较软的固体食物。约2岁大的幼儿,口腔机能已逐渐成熟,能进食大部分不同质地的食物。儿童直至3~6岁,咀嚼协调才逐渐成熟。

如果是因为口部肌肉控制能力弱、下颌稳定性差、舌头和唇的灵活控制差而导致孩子咀嚼困难的话,就要根据实际的情况来给予训练,建议家长在专业的医生指导下进行评估和训练。

如果是因为带养方式而导致的孩子不爱咀嚼食物的情况,家长要及时根据孩子的年龄及现有的咀嚼能力,进行有计划系统的训练。如果孩子能够进食糊状的食物,就应该给孩子喂食碎的食物,比如说苹果碎、肉碎等。当孩子能够进食切碎的食物之后,就可以进食小块的食物,如像鱼粥、肉沫等,再过渡到大块的食物,像水饺、芒果干等,最后可以过渡到质地不同的大块食物,像牛肉干、坚果干等。

142. 孩子还不会大小便要怎么训练

如厕是孩子应该具备的基本生活自理能力,2岁后,孩子才会对大小便有完全的自我感知和控制能力,建议在孩子可以自己行走后,一般是在1岁至1岁半之间,就可以开始训练使用坐便器。对于如何训练孩子如厕意识和如厕良好习惯,我们可以这样做。

（1）选择合适的时间：不要操之过急，一定要选择合适的时间，同时也要考虑季节的因素，夏季相对来说更适合训练孩子大小便，因为夏天衣服比较薄，较容易穿脱。

（2）引导表达生理需求：训练孩子大小便，首先要教孩子学会使用语言或手势告知家长有大小便需求，家长可以把坐便器放在孩子的房间方便孩子大小便，平时也可以适当给孩子引导一些上厕所的动作，如先脱裤子，然后坐在坐便器上，上完厕所之后使用纸巾擦干净，再穿上裤子。

（3）强化好习惯：可以使用视觉提示如图片步骤提示，当孩子完成了任务之后，一定要及时地给孩子正向的反馈。

（4）巩固：训练过程中如果出现反复，也是很正常的，千万不要打骂孩子，或者和其他孩子做比较。不建议夜间叫孩子起夜排便，避免影响孩子睡眠。

需要注意的是，要使孩子养成良好的排便习惯，可以让孩子定时在坐便器上进行排便，如睡前半个小时就不要给孩子喝太多水或牛奶，睡前进行排便。

143. 孩子不仅不说话还偏食该如何纠正

家长在养育孩子的过程中，让孩子好好吃饭是一件与其斗智斗勇的事情，总会有一些孩子不仅不说话，还存在偏食，如坚决不喝牛奶、拒绝吃鸡蛋、一吃青菜就吐，这让家长又急又无奈。家长要如何应对存在偏食的孩子呢。

首先，应该给孩子灌输正确的饮食观念，良好的饮食观念可以在家长的引导下形成，可以让孩子参与做饭的过程，让孩子帮忙摘菜、包饺子、包包子等，提升其参与感。与此同时，家长也可以通过讲故事的方式与孩子聊聊食物，激起孩子对食物的兴趣，通过一个简短有趣的故事引导孩子主动改掉一些小毛病。

其次，经常调整食物样式，能慢慢地让孩子接受某类食物，对于孩子不吃的某些蔬菜、水果、肉类，家长可以改变这些食物的形状，将其与面粉加工在一起，做成蔬菜花卷、饺子、丸子等。此外，家长给孩子的零食要定量，若家中存放过多零食，会影响孩子吃饭的热情，特别是吃饭前，少让其吃零食，让孩子保持适度的饥饿感。

最后，孩子的模仿心理很强，想让孩子不偏食，家长也应以身作则，多吃希望孩子吃的食物，孩子看到身边的人吃得很香，就会去模仿；还可以让孩子与家人一同进餐，并鼓励其自主进食，对其良好表现给予表扬，提升其荣誉感。总之，在孩子挑食的问题上，吃得开心和健康比吃得多更重要，放轻松一点，孩子的胃口才会更好。

144. 语言发育迟缓孩子出现便秘该如何处理

为人父母，要操心的事可不少，吃喝拉撒睡，尤其是其中的"拉"字最让家长们头疼，特别当孩子"拉"得费劲，甚至"拉"不出来时，父母情绪更为焦急。其实，小孩子便秘很常见，但也不容忽视，特别是一些语言发育迟缓的孩子，因为语言表达困难，家长不能及时发现孩子便秘情况，致使其出现长期粪便嵌塞等问题。

对于儿童的便秘，我们一般如何处理呢？饮食习惯问题是造成儿童便秘的主要原因，首先日常应保证孩子摄入足够的纤维素和液体，如青菜、薯类、苹果等；其次，培养孩子形成良好的排便习惯，一般3个月以上的婴儿便可以培养固定的排便习惯，连续执行15天到30天基本可以养成。需注意的是，孩子如厕时要集中注意力，不要让其玩玩具。最后，如果孩子存在胀气或便秘，家长可通过围绕脐周，用四指指腹沿结肠的位置进行腹部按摩,促进排便,同时也可给孩子喝50~100ml 的果汁(西梅或梨汁)。如果这些措施还是未能解决孩子的便秘问题,家长应尽早送孩子到医院进行诊治,找到病因,对症处理,及时解除孩子的便秘问题。

145. 孩子发育落后可以就读幼儿园或小学吗

很多家长担心孩子智力、语言发育落后,是否可以入学。我们要清楚孩子上幼儿园或上小学需要具备哪些能力。①主动表达需求的能力:比如饿了、渴了、哪里不舒服,确保儿童能及时报告老师并处理。②日常生活自理的能力:比如可以独立地吃饭、喝水,可以示意或独立解决大小便。在幼儿园的大环境中,班级里小朋友较多,老师无法全程帮助儿童吃饭、喝水等,所以需要家长在家庭中练习儿童部分生活自理能力。③理解简单指令的能力:比如坐好、拿椅子、排队等简单的指令。④情绪调控的能力:就读幼儿园有分离焦虑是正常的,但要具备相对快速适应新环境的能力。

除了以上基本能力,对于学龄期要上小学的儿童要求会更高一些,一般智商 IQ 值在 70 分以上、S-M≥8 分的儿童正常年龄上普通学校的小学,接受义务教育可以帮助其更好地适应学校和社会的环境。若孩子的智商 IQ 值在 50~69 分、S-M≤8 分,属于轻度智力障碍,可以在特殊学校接受教育,也可以在普通学校随班就读,循序渐进地训练其日常生活技能、基本劳动能力、回避风险和处理紧急事件的能力,让其日常生活基本自理,成年后回归正常人的生活。

总之,儿童发育落后能否正常入园需要根据孩子的能力综合考虑,并不是"一刀切"。与老师做好沟通和交流,让老师多留意一下孩子入园的情况,适当采取医教结合的方式可更好地帮助孩子成长。

146. 经颅磁治疗对语言发育迟缓的儿童有什么帮助

经颅磁刺激主要是通过磁场产生感应电流来达到治疗目的。治疗时变化的电流可经线圈产生相应变化的磁场,磁场可在患儿组织内生成相对强度的感应电流,若神经组织兴奋阈值较感应电流强度低,组织中部分神经细胞就会去极化,刺激神经细胞,生成动作电位,继而达到治疗疾病的目的。经颅磁刺激治疗的优点是无痛、无创、安全性高、副作用小、没有辐射,可促进药物和康复治疗的效果,为患者提供更多、更佳的治疗方案。

经颅磁治疗是在患儿脑部发挥作用,对机体脑部血流加以改善,抑制大脑皮质兴奋性,可帮助重建语言功能。该技术可作用于患儿大脑背外侧前额叶、颞顶交界处和顶叶皮质区,可提高神经可塑性水平,改善大脑皮层的远程连通性。实际中可根据病情需要制订个体化的治疗方案,可以进行单侧或者双侧的刺激。经颅磁治疗的作用并不局限于被刺激的部位,还可能通过远程连接传播到其他的大脑皮质区域,即使在刺激结束之后,疗效也仍会持续一段时间。因此,将经颅磁治疗这种新兴技术与传统的康复治疗方法相结合,可得到康复效果的最大化,帮助孩子的语言能力得到更大程度的提升。

147. 儿童语言发育迟缓针灸治疗的六连问

临床上常有家长对于针灸疗法有一些疑问,我们就常见的几个问题进行解答。

（1）头针的治疗作用是什么：头针疗法是较为常用的一种针灸方法，头针疗法可以通过刺激头部穴位达到通经活络、醒脑开窍的作用。对于语言发育迟缓的儿童，头针可调节大脑皮质血流量，提高细胞代偿功能，从而改善语言障碍，提高智力水平。

（2）针灸会很痛吗：现代针灸针的针型已经进行了改良，很大程度上减轻了针具本身可能带来的疼痛。针灸刺激穴位主要有酸、麻、胀等感觉，进针破皮的瞬间会有些许痛感，一般可以接受。

（3）针灸后为什么会流血：头皮的皮下毛细血管较多，在出针后少数穴位会出血，所以在出针的过程中需要家长的配合，进行按压止血。出针时比进针的痛感轻，很多孩子可以配合出针，年龄小的孩子会因为紧张和恐惧而哭闹。因此，针灸前后需要家长给予适当引导。

（4）针灸过程中孩子乱动、不配合，会不会有危险：在临床针刺的过程中，儿童因恐惧心理可能会哭闹，身体乱动不配合，此时可能会出现晕针、弯针、掉针或者刺伤其他部位的情况，因此在治疗前切勿过饥过饱，以减少晕针的风险。同时，在针刺前尽量不要吓唬小朋友增加恐惧感，在操作针灸治疗的过程中，经验丰富的针灸医生会加以引导，加上家长的配合，一般能顺利进行针灸治疗。

（5）针灸后可以洗澡或洗头吗：因为头部毛细血管丰富，拔针时可能会有出血现象，所以建议针灸结束后 3~4 个小时后再洗澡或洗头。

（6）针灸一般治疗多久：每个儿童有个体差异，因此留针时间和治疗频率有所不同，一般情况 10 次为 1 个小疗程，小疗程休息 10 天再做，3 个小疗程为 1 个大疗程。

148. 如何在家给语言发育迟缓的儿童做推拿

中医推拿易于操作,儿童易接受,家长可在家按照下面手法给小朋友做推拿,促进语言发育。

(1)开天门:家长以两拇指指腹交替从孩子两眉正中推向前发际 50~100 次。

(2)推坎宫:家长以两拇指指腹自孩子眉心同时向眉梢分推 50~100 次。

(3)揉太阳:家长以两拇指或中指指腹置于孩子太阳穴揉动 1 分钟。

(4)揉耳后高骨:家长以两拇指或中指指腹置于孩子耳后高骨,揉 1 分钟。

(5)梳理头部:家长五指展开,以手指面附着于孩子头部,如梳发从前发际轻轻地按揉至后发际,反复操作 5~10 次(图 31)。

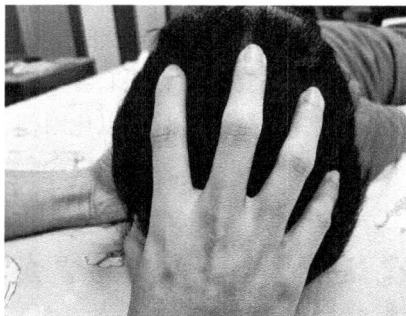

图 31　梳理头部

(6)摩百会:家长用示指、中指、无名指三指摩孩子两耳尖直上,头顶中央处,摩 50~100 次(图 32)。

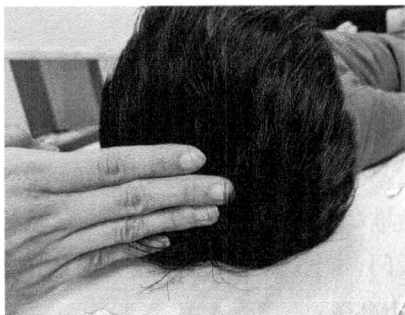

图32 摩百会

（7）按揉口周：先轻柔按摩面部，使肌肉呈现放松状态，再对孩子水沟穴、颊车穴、承浆穴、廉泉穴等穴位进行适度按揉、点压刺激，每穴每次按揉50~100次，最后再次轻柔按摩面部并用五指轻轻叩击孩子脸颊。

（8）捋手指并掐五指节：家长先用拇指和示指捏住孩子手指，从指根捋到指尖，由大拇指到小指，然后家长用拇指指甲依次掐孩子手背第一指间关节，之后按揉，一般掐3~5次，按揉20~30次。

注意事项：推拿时可适当使用按摩油，减少摩擦，避免孩子皮肤损伤。推拿时手法要轻快、柔和、着实，切勿忽快忽慢。推拿时室内温度适宜，照顾孩子感受，以免因孩子惊惧造成操作困难。

149. 视觉运动整合异常与语言发育迟缓有关系吗

语言发育迟缓与认知具有相互作用的关系，当信息刺激不足时，儿童词汇储备少，逻辑思维混乱，对已习得的知识也难以理解应用，从而出现语言发育迟缓，进而又影响了认知的提升。在大脑接受的众多外界信息中,视觉信息占到70%~90%。视觉运动整合能力分为输入端-信息接受、整合端-视知觉,以及输出端-行为表现三步,语言发育迟缓是众多因素相互作用而出现的一个异常表现,因此,视觉信息接受与中枢整合的异常均会导致结果的出现(图33)。

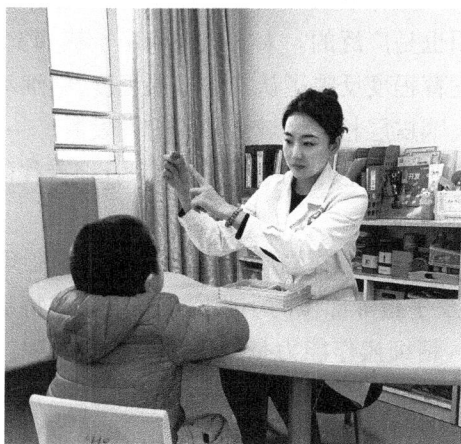

图33 视觉运动整合训练用具

有些语言发育迟缓的孩子其视觉确实较正常儿童落后,部分儿童会出现视觉信息接受错误的情况,例如对言语中表示色彩的词感知出现偏差,对于形状、方位、物体的量感知不清或错乱等。视觉障碍儿童在视知觉、视觉联想和视觉记忆方面的成绩低于一般水平,这主要会涉及儿童语言发育的基本概念理解能力问题。即使在视觉信息采集正确的情况,由于负责视知觉相应脑区的发育异常也会出现观察力与注意力异常、记忆能力差,甚至出现分类和推理能力的落后,对于语言的应用与表述产生负面影响。

因此,视觉运动整合能力异常——输入端与整合端异常会导致儿童认知落后,从而影响儿童的语言发育进程。

150. 精细操作能力的提升对语言发育迟缓有促进作用吗

语言发育迟缓与认知是相互作用、相互促进的关系,提高认知对语言发育迟缓有重要的作用,精细操作能力对认知的改善作用也是广泛的。人的认知依赖于感知觉和动作,精细动作的发育程度反映了认知的发展程度,精细动作的发育又能促进大脑皮层相应区域认知能力的发展。一般来讲,粗大运动及精细动作能力弱的儿童,语言、社会交往能力也往往较弱。

精细操作能力是指在感知觉及注意力等心理活动配合下,凭借手及手指等部位的小肌肉或肌群完成特定动作的能力(图34)。精细操作能力是如何改善认知的呢? 有关手功能的大脑能区占到了大脑运动区的三分之一,精细运动功能的发展需要用到很多大脑能区,而运动发育是直接反映儿童

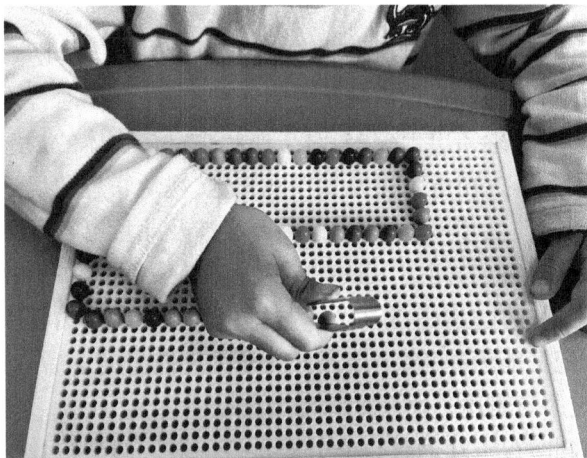

图34 精细动作训练

大脑和神经系统发育状态的外在客观指标,精细动作的产生需要意识的参与,大脑中的计划,最后依靠肌肉的协调和力量的控制,配合感知觉的参与协调完成,尤其是视觉-运动的整合能力。

手部精细动作存在困难的儿童,语言及认知功能发育也会受到影响,这可能与相关大脑能区的功能支配存在重叠有关系。因此,在语言发育迟缓儿童中,通过精细操作能力,尤其是手眼协调性的提高,以及小关节感知觉异常的改善,可完善儿童发育期的各种认知刺激,从而提高认知水平,改善语言发育迟缓的程度。